JN023799

韓国語能力試験
TOPIK II 作文
 # 対策講座

吉川寿子 キム・テウン 著

イラスト：ツダタバサ

デザイン・組版：株式会社アイビーンズ

まえがき

「TOPIKって、韓国に留学するときに持ってると有利みたい」

「せっかく長い間韓国語を習ってるんだし、上級の検定試験にもパスしたいな」

「TOPIK 6級に受かれば、通訳案内士の1次試験が免除になるらしいよ」

様々な動機から、試験の過去問題を目にしたものの……

「マークシートはともかく、何、この作文…原稿用紙700字?」

「自分なりに作文対策をしたのに、点数が伸びない…」と困っている貴方!

　本書を手に取ってくださり、ありがとうございます。著者は、大阪で少人数を対象に楽しく韓国語を教えている日韓バイリンガル歴42年の講師と、トロット音楽が大好きでテコンドー4段の韓国語母語話者のマニアック講師の2名です。本書は生徒さん達からの熱いリクエストから生まれた「TOPIK Ⅱ作文対策講座」を書籍化したものです。この講座は作文指導と本番レベルのオリジナル問題添削のセットで、多数の受講生さんたちのジャンプアップをお手伝いさせてもらいました。そしてこの度、受講生さんたちとの質疑応答や答案サンプルも含めて、その内容をわかりやすく1冊にまとめました。ぜひともTOPIK Ⅱ受験のお供にしていただければ幸いです。

　ところで、TOPIKは主催が韓国で、情報が少なくて不安ですよね。また、TOPIK Ⅱ作文は一般的な作文とは違う部分も大きいことから、1年に数回著者のひとり吉川も受験しながら作文の書き方や出題傾向、採点基準の研究を今も地道に続けています。

　なにやら難解そうな TOPIK Ⅱ作文ですが、試験ならではの大切なポイントがあります。そして、これをお伝えした方は韓国語で書くことが楽しくなり、その結果「作文が苦手」という壁を突破できるようになる姿をたくさん拝見してきました。皆さんも本書でそんな体験をしてみませんか?　私たちと一緒にファイティン!!

2020年8月　吉川寿子　김태웅 (キム・テウン)

韓国語能力試験TOPIK II 作文対策講座
目次

本書の特徴

・3～4級レベルだけでなく6級を目指す4～5級の方に向けてのアドバイスも豊富に採
  用し、作文に必要な内容を図表でわかりやすく整理しました。

本書の使い方

・💡マークの部分は大切なポイント、📢マークは注意点なので、必ず読む。

・問題の狙いやポイントを日本語でしっかりとつかむ。

・練習問題、模擬試験は 136 ～ 139 ページの答案用紙を適宜コピー（A4 の等倍で）して、
  必ず手を動かして書く。

・模擬試験は必ず制限時間を意識して書く。

これはダメ

・問題を読んだ後、自分で考えずにそのまま解答例を読んで写す。

（正解にこだわらなくていいので、必ず一度はご自身で考えましょう）

 作文はどのステップも飛ばせません。慣れれば必ずスピードアップします。
    問題を読む → 書く内容を考える → 整理する → 書く → 見直す

　なお、本書における作文問題は公開されている過去問以外につきましては、解答例を
吉川が作成、問題作成及び解答例の韓国語表現チェックについては、キム・テウンが担
当しています。作文指導方法については両者によります。

　（6級合格に求められる作文の点数は一般的には 60 点台と考えられますが、吉川は
本書で紹介している方法で、コンスタントに作文で 75 点以上のスコアを出しています。
また講座を受講してくださった方からも点数が上がったという、うれしいご報告を多数い
ただいています。）

　なお、本書の重版にあたっては柳春美先生（東京韓国文化院　世宗学堂）から貴重
なご指摘をいただきましたことに感謝申し上げます。

第1章

ともかくも
相手を知るのが
スタートだ

Ⅰ TOPIK（韓国語能力試験）概要

　TOPIK と呼ばれるこの試験は、よく株価の TOPIX や TOPIC と間違えられますが Test Of Proficiency in Korean の略称です。韓国語能力試験です。

　試験の実施母体が韓国にあるので、学習者が日本で受けてみたいと思っても、ピンと来ない部分も多いですよね。ここでは、必ず押さえておきたいポイントについて大まかに説明していきます。

1 実施機関と目的

　実施機関は、大韓民国教育部所属の外郭団体である国立国際教育院です。つまり、韓国政府お墨付きの試験ということです。韓国語を母語としない人や在外韓国人を対象にしていて、韓国語能力のレベル判定に使用されています。具体的には韓国への留学や就労、結婚移民ビザ申請の際に TOPIK のスコア（得点）を課されることが多いため、韓国内で自身の韓国語能力をアピールする効果が大きい試験といえます。また、日本国内でも大学の語学の単位と換算されているケースもあります。

　したがって韓国内はもちろん、日本を含む諸外国でも実施されていています。また受験者の母語に関係なく韓国語能力を測る試験のため、問題もすべて韓国語のみで構成されているのが特徴といえます。

　試験の詳細は下記サイトを参照ください。（韓国語）

www.topik.go.kr

② 試験の種類とレベル

　TOPIK は初級者向けの TOPIK I（1〜2級）と中上級者向けの TOPIK II（3〜6級）があります。6級が最上級で、TOPIK II は読解、聞取、作文の3科目で構成されています。

　試験の合否は級ごとに合格や不合格が出るのではなく、スコアで自動判定されます。

　それぞれの級に必要な合格点は以下の表の通りです。

種類	TOPIK I （200点満点） 聞取、読解 2科目 （各100点配点）		TOPIK II （300点満点） 聞取、作文、読解 3科目 （各100点配点）			
	1級	2級	3級	4級	5級	6級
点数	80点 以上	140点 以上	120点 以上	150点 以上	190点 以上	230点 以上

　（例えば TOPIK II の場合、300点満点中160点であれば4級と判定されます。120点未満であれば級なしの不合格となります）

　本書では、この TOPIK II の作文について詳しく扱っていきますので、ここからは TOPIK II についてのみ紹介します。成績レベルの認定基準は TOPIK ホームページより次の表のとおりです。

中級	3	日常生活を営むのに特に困難を感じず、様々な公共施設の利用や私的な関係維持に必要な基礎的言語力を持っている。身近で具体的な素材はもちろん、自分になじみのある社会的な素材を段落単位で表現したり理解したりできる。文語と口語の基本的な特性を区別、理解して使うことができる。
	4	公共施設利用や社会的関係維持に必要な言語能力があり、一般的な業務遂行に必要な言語能力をある程度持っている。また、「ニュース」「新聞記事」の中の平易な内容を理解できる。一般的な社会的・抽象的素材を比較的正確に、流暢に理解し、使うことができる。よく使われる慣用表現や代表的な韓国文化に対する理解をもとに、社会・文化的な内容を理解して使うことができる。
上級	5	専門分野での研究や業務遂行に必要な言語能力をある程度持っている。「政治」「経済」「社会」「文化」全般に渡り、なじみのないテーマに関しても理解して使うことができる。公式、非公式の脈絡や口語的、文語的脈略によって言葉を適切に区別して使うことができる。
	6	専門分野での研究や業務を比較的正確に、流暢に遂行できる言語能力を持っている。「政治」「経済」「社会」「文化」全般に渡り、なじみのないテーマに関しても展開することができる。ネイティブスピーカーのレベルには届かないが、意思疎通や意味表現に困難はない。

③ スコアの有効期間と日本での受験

　韓国内でアピールする機会の多い TOPIK スコアですが、その有効期間は２年間とされています。つまり、２年以上前のスコアは現在の実力ではないとみなされますので、留学や就職のスコア提出のタイミングによっては受け直す必要が出てくるのです。試験は韓国では１年に６回実施されています。

　日本での実施は韓国語教育財団が年に２〜３回行っています。ただし、地域により実施回数が違いますので、受験地や受験料等については下記サイトで、必ず確認をしてくださいね。

> **韓国語教育財団　www.kref.or.jp**

 日本での試験は、願書の締切がかなり早めですので、注意が必要です。

　（例：４月実施の試験の締め切りは１月上旬です）

　また、先着順受付のケースもあります。余裕を持って申し込みましょう。

1 問題のタイプの紹介

では、次に TOPIKⅡの特徴である作文問題について紹介説明していきます。

大きく分けて、4つのタイプになりますが、これらを制限時間 50 分以内に書き上げる必要があります。

TOPIKⅡ作文問題のタイプ分析		
問題番号	内容	問題の特徴
51	空欄補充（実用文） 10 点配点（5 点×2）	生活の中で目にする機会の多い文章の種類と目的、フォーマル度と空欄の前後の文脈を把握して一文で補充する
52	空欄補充（説明文） 10 点配点（5 点×2）	幅広いジャンルの説明文の内容を把握し、空欄の前後の文脈を把握して一文で補充する
53	図表データ文章化 30 点配点	問題で与えられた図表データを把握し、原稿用紙に 200～300 字の文章で表現する
54	自分の意見を表現 50 点配点	問題で与えられた社会的なテーマに関して、自分の意見を交えて論理的に原稿用紙に 600～700 字の長文で表現する

51-52 番では基本的な分かち書き、53 番からは原稿用紙の使い方、54 番からは段落構成と求められる形式もステップアップしています。

TOPIK Ⅱは、聞取、読解、作文の3科目で構成されていて300点満点です。どの科目も100点配点ですが、この3科目はマークシート選択式である聞き取り・読解と記述式の作文に分かれています。(2022年6月時点)

マークシート	記述
聞取・読解	作文

各科目の平均点をみると、やはり、マークシート式の科目の平均点が高いです。また、TOPIK6級の合格点が300点満点中230点であることを考慮し、筆者の指導経験からも作文に必要な点数の目安は、次のように逆算できると考えられます。

形式	マークシート式		記述式	合格点
級	聞取	読解	作文	
3	40	50	30	120
4	50	60	40	150
5	70	70	50	190
6	80	90	60	230

このように、<u>3級合格に必要な作文の点数は30点台、4級合格は40点台、5級合格は50点台、6級合格は60点台</u>と考えていいでしょう。

4種類の作文問題の配点を考えると、中級の3〜4級は51〜53番、5級は51〜53番及び54番の大枠部分、6級は54番を詳しく作り込む必要があります。

本書では、1人ではわかりづらい作文のポイントをお伝えしていきますので、合格ラインを目指して、少しずつ一緒に練習していきましょう!

Ⅲ　ペン書きと制限時間

　実は、TOPIK 受験時は、鉛筆と消しゴムが使えません。

　初めて聞いた方は驚かれるかもしれませんが、TOPIK では試験会場で答案用紙と一緒に専用ペンも配付されます。そして、そのペンで解答して持参した修正テープで書き直します。もちろん、受験票と一緒にその旨の連絡がありますので、忘れずに修正テープ等は用意しておきましょう。幅は 4～5 ミリのものが使いやすいです。

　マークシート科目であれば、修正ペンで修正するのもそこまで負担ではありませんが、試験本番で作文科目をペン書きするのは、慣れていないとかなりのプレッシャーとなりますので、いたずらに手が震えてしまいます。しかも作文を組み立てて原稿用紙に書いていくことから、ごまかしもききません。事前のペン書きでの練習は必須となります。

　加えて、作文科目は聞取科目終了直後に、休憩なしで容赦なくスタートします。制限時間は 50 分で全 4 問を書き切らないといけません。その中には 700 字の長文も含まれます。つまり、かなり過酷なスケジュールとなります。

　だからこそ、見直しタイム確保も含めて、時間配分も意識しながら書く練習を進めましょう。

　2023 年 4 月現在、韓国内では TOPIK のオンライン試験（IBT）の試験的実施が予定されています。IBT での TOPIK 作文は、手書きではなくキーボードでのタイピングで行われるそうです。海外での TOPIK-IBT の実施時期は未定ですが、ハングルのタイピング練習も視野に入れる必要もあるかもしれません。

Ⅳ TOPIK Ⅱ 作文の基礎トレ

① 分かち書き 띄어쓰기

　ここでは、日本語と韓国語表記の大きな違いについて説明します。

　日本語は句読点や記号以外は文字を続けて表記しますが、韓国語は同音異義語が多いので、読み間違いを防ぐために助詞の後や用言の連体形の後を離して表記するルールがあります。これを分かち書き 띄어 쓰기 と呼びます。

　なお、日本語だと通常字と字の間が空くと、そこに読点（、）が入りますが、韓国語の分かち書きは意味の取り間違いを防ぐためのものなので、読む時は区切らないところでも分かち書きは発生します。慣れないうちは日本語の感覚だと、ちょっと空けすぎに感じるかと思います。

　しかし韓国語においては、原稿用紙を使用した作文で分かち書きをする際に1マス空けることが大切なポイントとなります。TOPIK 作文試験ではマスをたくさん消費できるので、ちょっと得した気分ですね。

❖ TOPIK 作文で間違えやすい分かち書きポイント

a. 文節（名詞＋助詞、形容詞、副詞、動詞等）で一マス空ける。

| | 별 | 은 | | 지 | 구 | 에 | 서 | | 멀 | 리 | | 떨 | 어 | 져 | | 있 | 다 | . | |

b. 用言の連体形と依存名詞の間で一マス空ける。

| 요 | 인 | 이 | | 될 | | 수 | | 있 | 다 | . |

별빛이		지구까지		오는		데		많은		시간이			

　日本語の感覚だと、「え、こんなにしょっちゅうマスを空けて書いていいの?」と不安に思うかもしれませんね。でも大丈夫ですので安心してくださいね (^_^)

　ただし、分かち書きは記述式ならではのごまかしのきかない部分であると同時に、試験の採点基準の1つです。できるだけ事前に練習しておきましょう。

② 原稿用紙使用ルール

　作文の試験ですので、原稿用紙使用についても確認しておきましょう。

　日本語の原稿用紙使用ルールと基本的には同じですが、TOPIK 作文で注意しないといけないポイントは、53 番のグラフ問題で必要になってくる数字や記号の扱いですね。

❖ 原稿用紙使用ポイント

（1）段落の始めでは、最初の1マスを空けて文章をスタートする。

（2）数字

　　　1桁の数字は1マスに1つ書くが、2桁以上の数字は1マスに2つずつ書く。

	자	전	거		이	용	자		수	는		20	07
년		4	만		명	에	서		20	12	년	에	는
21	만		명	으	로		지	난		10	년	간	
약		5	배		증	가	하	였	다	.			

（3）アルファベット

　　略称は大文字で1マスに1つ書くが、小文字表記する単語は1マスに2つずつ書く。

S	N	S	

24	0	km	

（3桁の数字は左詰で書きましょう）

（4）記号は一マス使う。小数点も半角の一文字に数える。

　　ピリオドやカンマは行の先頭には来ないので、最後のマスに一緒に入れる。

'	시	간	이		없	어	서	'	라	는		응	답	이
총		12	0	명	(	48	.5	%	)	에		달	했	다.

（5）数字と単位

　　アラビア数字には単位名詞が直後に付くが、ハングル表記の数字のあとは1マス空

ける。

그		이	유	가		2	가	지		있	다	.

그		이	유	가		두		가	지		있	다.

③ 文体（叙述体）

　　さて、TOPIK Ⅱ作文で大きくクローズアップされてくる問題に文体があります。初

級レベルの51番までは、会話で使用する합니다、해요体という教科書でもおなじみ

の文体でしたが、それ以降からは한다という語尾の叙述体に変わります。これにより、

文章のトーンや格式が変わります。

　　叙述体は　한다体とも呼びますが、日本語でいうところの「だ・である」体です。

ぞんざい形、下称体ともいいます。相手を直接意識しないひとりごとや日記、小説の地の文、新聞などでよく使われる「書き言葉の文体」ですが、作り方は、意外とシンプルです。

　おなじみの합니다体や해요体のときは다で終わる用言の語幹に注目しますが、한다体は動詞なのか、形容詞なのかで違いがあるのが特徴です。

　形容詞は、語幹に時制と다が付く形で、わかりやすいですが、ここで要注意なポイントは、現在形の動詞です。確認してみましょう。

↓ここがポイント

現在	動詞	ㅡㄴ/는다	간다　실천한다　먹는다　만든다*

※動詞の語幹にパッチムのない場合は、語幹にㄴパッチムと다を付けます。パッチムがある場合は、는다を付けます。ただし、만들다などのㄹ語幹の動詞はㄹパッチムを脱落させてㄴパッチムと다を付けます。（×）만들는다　（○）만든다

形容詞や存在詞の現在はシンプルに使えます。

現在	形容詞	ㅡ다	중요하다　필요하다　다르다
	名詞＋指定詞	이다/다	방법이다　문제이다/문제다

　次に過去形や未来形は、品詞に関わらずシンプルすぎて拍子ぬけするくらいです。

過去	動詞	ㅡ았/었다/했다(하였다)	갔다　먹었다 실천했다　만들었다
	形容詞		중요했다　필요했다 달랐다
	名詞＋指定詞	이었/였다	방법이었다 문제였다

			갈 것이다 먹을 것이다
	動詞		실천할 것이다
			만들 것이다
未来		−(으)ㄹ 것이다	중요할 것이다
(推測)	形容詞		필요할 것이다
			다를 것이다
	名詞＋指定詞	−일 것이다	방법일 것이다
			문제일 것이다

※しかし、−하다で終わる形の用言は特に注意が必要です。

　形だけでは動詞なのか形容詞なのか判然としないものも多いので、たくさんの文章に触れていきましょう。

	原型	叙述対語尾／現在形
動詞	행동하다 (行動する)	나는 긍정적으로 행동한다
形容詞	풍부하다 (豊富だ)	여기는 재료가 풍부하다

　下の表に特に間違えやすいものをまとめておきましたので、参照してください。

	다르다 (違う)	
	필요하다 (必要だ)	形容詞だが文末に来る場合は動詞と
形容詞	중요하다 (重要だ)	混同しやすい。
	복잡하다 (複雑だ)	

次に意外と見落としやすいのが、否定形です。

形容詞否定	슬프지 않다	形容詞否定は　-지 않다
動詞否定	슬퍼하지 않는다	動詞否定は　-지 않는다

　また、大きな注意点は、この한다体を使うときは、書き手が大人であっても一人称を나/우리（もちろん、所有格は내）にしないといけないことです。

　例）　나는 한국어를 공부한다（○）　　저는 한국어를 공부한다（×）

　韓国では小学生でも日記で使う文体です。たくさん叙述体の文章を読んで、慣れていくのが早道でしょう。

✦✦ クイズ ✦✦

さっそくですが、否定文クイズです。正しい語尾はどちらでしょう＾＾

가. 이 문제는 어렵지 (않는다 / 않다).
　　この問題は難しくない。

나. 일방적인 사람은 다른 사람의 의견을 받아들이지 (않는다 / 않다).
　　一方的な人は他人の意見を受け入れない。

다. 나는 폭력적인 영화를 선호하지 (않는다 / 않다).
　　私は暴力的な映画は好まない。

解答⇒100ページ

第2章

文脈を
しっかりつかんで
穴埋めよう

空欄補充問題（51−52番）
解説と対策

（解答用紙は136ページをコピーしてお使いください）

1 問題紹介

では、ここからははりきって TOPIK Ⅱ作文問題に取り組んでいきましょう！

記述式の TOPIK Ⅱ作文問題は、短い文章の中にある穴埋め問題、空欄補充の問題からスタートします。慌てずに、しっかりと問題文の内容を理解することが大切です。

ここでは、空欄の前後をよく読んで、不自然にならないように一文で書きます。試験本番はオールハングルですが、まずは問題を日本語で紹介します。大まかに問題のイメージをつかみましょう。（いずれも第 60 回過去問）

51 掲示板

タイトル：図書館を利用したいです

本文：韓国大学を卒業した学生なのですが図書館を利用したいです。先輩に尋ねてみたところ、卒業生が利用したいなら図書館カードが（ ① ）。図書館カードを作るには（ ② ）？　方法を教えてくだされればありがたいです。

52 一般的に、音楽治療をする際には患者に主に明るい雰囲気の音楽を聴かせるだろうと考える。しかし患者に常に明るい雰囲気の音楽を（ ① ）。治療初期には患者がリラックスした雰囲気を感じることが重要だ。そのため患者の心理状態と近い雰囲気の音楽を聴かせる。その後に患者にいろんな雰囲気の音楽を聴かせることで患者にいろんな感情を（ ② ）。

② 問題を解くステップ

　いかがでしたか？文章スタイル、単語や表現の難易度の違いはありますが、51番と52番は求められていることは基本的に同じです。

　後で詳しく説明しますが、この過去問では、空欄前後の流れから次のような解答が導き出されます。

51　①必要と聞きました
　　　②どのようにしないといけないですか

52　①聴かせるわけではない
　　　②感じさせる

　もちろん、いろんな表現の仕方がありますので、文脈に沿った内容で単語や文法表現に間違いがなければ、上記と全く同じでなくても部分点は入ります。

　しかし、なんとなく文章を読んで、たぶんこんな感じかなと空欄をうめていくのではなく、問題文を読んで次の3つの内容を意識して書くと、出題者の求めている解答内容に近づきます。

タイトル 内容、目的	→	接続詞 前後の流れ把握	→	対応する単語 文法表現
「何のために書かれた？」	→	「どんな流れ？」	→	「ぴったりの表現は？」

③ 51番と52番の特徴と得点ポイント

次に、同じ空欄補充でも、51番と52番では少し違いがあります。それぞれに求められている内容も異なりますので、簡単に説明します。

51 합니다 해요体	・タイトル有。韓国生活でよく目にする実用的な内容。 ・文章の対象者を把握して、<u>適切に敬語や謙譲語の使用</u>が必要。この問題は初級文法でOKなので難しく考えすぎない。
52 한다体	・タイトルはなく、一段落の文章で構成。 ・多岐に渡る事柄について対照、羅列、例示、言い換え等の方法で説明した文章。51番と比較すると漢字語が増える。 ・副詞を伴う語尾表現や部分否定など、より文法知識を問われる傾向になっている。 ・悩みすぎて時間を浪費しないように注意が必要。

いずれも、よく出るパターンの文章タイプや表現を練習しておくことで、迷わずに書けるようになります。どちらも配点は高くないので、くれぐれも悩みすぎないことが大切です。試験本番では、空欄補充は一通り書いてミスがないことを確認したら、53番以降に注力しましょう。

Ⅱ 必要な対策・準備

1 51番（実用文）

（1）考え方

実用文のスタイルとして、掲示板、メール、案内状、募集広告等があります。その中でも下記の目的で書かれた内容が多く出題されています。

スタイル	内容と目的
メール	払い戻し、交換、約束する、変更、取り消し、お願い、確認、拒絶、感謝、お詫び、問い合わせ、回答
掲示板	問い合わせ、交換、払い戻し、変更、取り消し、購買レビュー、推薦、回答
案内文	広告、お知らせ、募集、紛失、故障、利用、集会の案内、大会、要請、禁止、分かち合い、さしあげます、求む
招待状	引越祝い、結婚式、子どもの1歳祝い、入学式、卒業式、還暦祝

（2）頻出単語、文末表現

では、これらの内容について、よく使われる表現を紹介します。難易度としてはTOPIK2級までで出てきたものが多く、使えると便利な表現ばかりです。この際例文ごとしっかりと書けるようになりましょう。

① 可能

-(으)ㄹ 수 있다/가능하다/괜찮다 「～することができる」

25

수원시 주민이라면 무료로 입장할 수 있습니다.

水原市の住民であれば無料で入場できます。

저는 13일이든지 18일이든지 괜찮습니다/가능합니다.

私は 13 日でも 18 日でも大丈夫です。/ 可能です。

② 計画

-(으)려고 합니다/-(으)ㄹ 생각입니다 「～するつもりです」

특별 감사 할인 세일을 진행하려고 합니다.

特別割引セールを行うつもりです。

③ 許可を求める、意向を尋ねる

-아/어/해도 됩니까? 되겠습니까? 「～してもいいですか?」

혹시 미팅 일정을 변경해도 되겠습니까?

よろしければミーティングの日程を変更してよろしいですか?

④ 依頼1（広告や案内文：不特定多数向け）

-아/어/해 주시기 바랍니다 「(～することを) 願います。～してください」

26일까지 신청해 주시기 바랍니다.

26 日までにお申し込み願います。

⑤ 依頼2（メール等で特定の個人向け）

**-아/어/해 주시겠습니까? -아/어/해 주실 수 있으십니까?
「～してくださいますか?」**

A/S 센터로 보내주시겠습니까?

カスタマーセンターまで送ってくださいますか?

버스로 가는 방법을 알려 주실 수 있으십니까?

バスで行く方法をお知らせくださいますか?

⑥ 婉曲表現（約束の変更やお断りの際に使う）

-아/어/해 주시면 감사하겠습니다 「～してくだされればありがたいです」

언제가 좋으신지 연락을 해 주시면 감사하겠습니다.

いつがよろしいか連絡をくだされればありがたいです。

-기가 어려울 것 같습니다 「～するのが難しいようです」

다음 수요일은 참석하기가 어려울 것 같습니다.

次の水曜は参加するのが難しいようです。

⑦ 感謝

-아/어/해 주셔서 감사합니다 「～してくださってありがとうございます」

이렇게 좋은 책을 물려 주셔서 감사합니다.

こんなに良い本をゆずってくださってありがとうございます。

-아/어/해 주신 덕분에 -(으)ㄹ 수 있었습니다
「～してくださったおかげで～することができました」

근석 씨가 도와주신 덕분에 즐겁게 공부를 계속할 수 있었습니다.

グンソクさんが手伝ってくださったおかげで、楽しく勉強を続けることができました。

⑧ 丁寧な謝罪

-아/어/해서 죄송합니다 「～して申し訳ありません」

답장이 늦어서 죄송합니다.

お返事が遅くて申し訳ありません。

⑨ 希望・要望

~고 싶습니다 「～したいです」

죄송합니다만 개인적 사정으로 예약을 취소하고 싶습니다.

申し訳ありませんが、個人的な事情で予約をキャンセルしたいです。

~지 않았으면 좋겠습니다 「～でなければいいです」

요금이 비싸지 않았으면 좋겠습니다.

料金が高くなければいいです。

⑩ 当為、義務

-아/어/해야 합니다 「～しないといけません」

이사를 가게 돼서 쓰던 물건을 정리해야 합니다.

引越しをすることになって使っていた品物を整理しないといけません。

⑪ 禁止

지 마십시오/-면 안됩니다/불가능합니다 「～しないでください」

도서관에서 휴대전화로 통화하지 마십시오.

図書館で携帯で電話しないでください。

이 호텔은 실내에서 담배를 피우시면 안됩니다.

このホテルは室内でたばこを吸ってはいけません。

흡연이 불가능합니다.

喫煙は不可です。

⑫ 伝聞（間接話法）

-ㄴ/는다고 합니다「〜らしいです」

일기예보에 의하면 내일 첫눈이 온다고 합니다.

天気予報によると明日は初雪が降るそうです。

자고 합니다「〜しようといいます」

현빈 씨가 회식에 같이 가자고 합니다.

ヒョンビンさんが食事会に一緒に行こうと言っています。

（3）接続詞

空欄補充問題は、接続詞攻略が最重要事項といっても過言ではありません。

接続詞にはそれぞれ役割があります。ルールをつかんで、文章の流れを適切に読みこなしましょう。

韓国語	日本語	これが出たらこう考える	機能
그래서 따라서 그러므로	だから したがって	前の文章の内容をそのまま受ける。余裕があれば同じ内容を別の言い方で書く	順接
그러나 하지만 반면 반대로	しかし 反面 反対に	前の文章の内容と反する内容を述べる必要がある。前の文章のキーワードの対義語等を使えるとベスト	逆説 反転
그리고	そして	前の文章と関連した内容でさらに内容を補足していく	展開
예를 들어	例えば	その前の内容について詳しく例示を述べて説明しているのだと理解する	例示

（4）敬語

　韓国語の特徴として、敬語や謙譲語表現があります。日本語にも敬語や謙譲表現があるので、作り方もなじみがあって有利ですが、その反面、日本語の敬語との違いが落とし穴です。

　韓国語では先生や自分の年長の身内にも敬語を使うのが基本ですが、上級を目指す方でも、特に先生宛のメールの問題で敬語が使えていないケースがまま見受けられます。

　現実では、韓国語講座の講師より学習者の皆さんが年上であるケースも多いと思われますが、韓国語表現の世界では、年齢が下でも、先生に敬語を使えないというのは語学力以前の問題とみなされる可能性があります。ここはいわゆる地雷に等しい危険なポイントとみなしてもいいでしょう。なぜなら日本語では違和感がありますが、韓国語では 선생님（先生様）、교수님（教授様）と呼ぶ世界です。言うまでもありませんが、TOPIK Ⅱ作文を採点しているのは機械ではなく、ネイティブスピーカーの先生方です。文化の違いに気をつけましょう。

　下記の表に敬語表現について簡単にまとめます。

種類	作り方	例	
尊敬	動詞に−시を追加する	주다 → 주시다 あげる → くださる	오다 → 오시다 来る → お越しになる
	単語を置き換える	집 → 댁　家 → 宅 먹다 → 드시다 食べる → 召し上がる	생일 → 생신 誕生日 → お誕生日 자다 → 주무시다 寝る → おやすみになる
謙譲	動詞に補助用言아/어/해 드리다を追加する	보내다 → 보내 드리다 送る → 送ってさしあげる	
	単語を置き換える	우리 → 저희　私達（の）→ 私ども（の）	

（1）考え方

　52 番の問題は、5〜6つの文章で1つの段落を構成した文章が出てきます。
51 番より語彙や表現も必要になりますし、抽象的で扱われている話題が非常に幅広いので、つかみどころがないように感じる問題ですね。

　もちろん単語の意味がわかれば、タイトルがなくても何のテーマなのかわかりますし、接続詞から文章の流れをつかんで解いていくことも可能です。でも、52 番ってつかみどころがなくてモヤモヤすると感じる方は、実はここから TOPIK Ⅱ作文の特徴が出てきていると考えてください。

　まず認識しておいてほしいのですが、TOPIK Ⅱで求められている作文とは、思いつきで広がっていく、漠然としたおしゃべりを文字にしたものではありません。必ず、伝えたいテーマや文章を書いた目的があって、そのゴールに向かっていく流れを持っています。

　そして、過去問の模範解答を読み込んでいくと TOPIK Ⅱ作文において、1つの段落には1つのテーマしか書かない、というルールがあると考えられます。つまり、1つの段落に入っている文章は、そのテーマに関連していることが前提です。かつテーマを詳しく説明、例示、言い換え、対照などの役割を持っているということなのです。

　したがってこの 52 番ではひとつの段落の中で、その構成パーツとなっている文章がどんな役割でテーマを説明しているのかを考えることで、流れを読めると解けるつくりになっています。一見易しそうな空欄補充ではありますが、意外と手強い相手なんですね。

> 52 番の説明文を読む時のポイント
> 文章のテーマは？どんな説明方法？と着目してから流れを把握する

さて、短いですが、次の文章はどんな説明方法でしょうか。

☞ 韓国で盛んなスポーツがある。例えばテコンドーである。
→ 説明方法；例示　となります。

では、52番で使用される説明方法にはいくつかのパターンがありますので、大まかに4つ説明します。

① 旅行には船旅と飛行機の旅がある。船は価格が安いことに対して、飛行機は価格が高い。したがって旅の目的や予算に合わせて選ぶといい。
→ 話題に挙がった事柄について、比較対照してからまとめる

② 健康管理には運動を増やすものと摂取カロリーを減らすものがある。方法は違うが、いずれも自制心を必要とすることは同じである。つまり、健康管理とは自制心が要といえる。
→ 話題を例示や言い換え等で説明

③ 最近重視されている価値観のひとつにコスパがある。コスパとは、コストとパフォーマンスの略語で、費用対効果の意味である。
→ 聞き慣れない話題を引用紹介してきて、定義など、詳しく述べる説明

④ 生まれつきの条件で勝負が決まるわけではない。例えばウサギとカメの昔話では、生まれつきの足の速さと関係なくカメが勝利する。したがって、この物語から条件がすべてではないということがわかる。
→ 先に結論を述べてから例示、最後に言い換え説明

いかがでしょうか。説明文は、どうしても理屈っぽい文章になってしまいますね。でも、その仕組みがおぼろげにつかめてきたかと思います。

（2）説明文の頻出文法表現
では、次に説明文でよく使われる表現の一部を紹介しますので、少しずつ慣れて

いきましょう。

① 〈対照、比較〉AとBを対比する、比較する

하지만/그렇지만/-ㄴ/는 데 반해

민호 씨는 조용한 데 반해 윤호 씨는 활발하다.

ミノさんは物静かなのに対して、ユノさんは活発だ。

② 〈仮定〉事実ではないけれど事実のように考えてみる

만일 -다면 -(으)ㄹ 것이다

만일 부모가 평소에 사람들에게 인사하는 모습을 보인다면 아이도 스스로 인
사하기 시작하기를 잘 할 것이다.

もし両親がふだん人々にあいさつする姿を見せていたら、子供もみずからあいさつをし
始めるだろう。

③ 〈部分否定〉全体ではなく、一部だけを否定する。

（例：常に〜するわけではない、必ずしも〜とは限らない）

-다고 해서 -는 것은 아니다/항상 (모두) -는 것은 아니다

흔히 선물이 비쌀수록 상대가 더 기뻐할 것이라고 생각한다. 그러나 선물이 비
싸다고 해서 상대가 항상 모두 기뻐하는 것은 아니다.

ふつうプレゼントが高価であればあるほど、相手が喜ぶだろうと考える。しかしプレゼ
ントが高価だからといって、相手が常に喜ぶわけではない。

④ 〈理由〉前の文章についてなぜそうなのか説明する。

왜냐하면 -기 때문이다 「なぜなら、〜だからだ」

기록을 유지하기 위해 중요한 것이 바로 연습 방법이다. 왜냐하면 연습 내용에
따라 기록이 달라지기 때문이다.

記録を維持するために重要なのが、まさに練習方法だ。なぜなら練習内容によって記
録が変わるからだ。

⑤ 〈羅列〉複数の事柄や事例を列挙する

-기도 하고 -기도 하다

음악에 따라 공부에 도움이 되기도 하고 방해가 되기도 한다.

音楽によって、勉強の役に立ちもすれば邪魔にもなる。

⑥〈要約・言換え〉

즉「つまり、即ち」

삼촌은 돈을 내기를 가장 싫어하고 친구 선물도 보내지 않으려고 한다. 즉 그는 구두쇠다.

おじさんはお金を出すことを最も嫌って、友人にプレゼントも贈ろうとしない。つまり、彼はドケチだ。

⑦〈引用〉

–에 따르면 –다고 한다

연구 결과에 따르면 자원봉사를 하는 사람은 정신적 질병에 걸릴 확률이 낮다고 한다.

研究結果によれば、ボランティアをする人は精神的な病気にかかる確率が低いといわれている。

⑧〈当為、義務〉必ずそうしないといけないということを説明する

–기 위해서는 –아/어/해야 한다, –는 것이 좋다

숙면을 취하기 위해서는 취침 3시간 전까지 저녁 식사를 끝내는 것이 좋다.

熟睡するためには就寝 3 時間前までに夕食を終えるほうがいい。

では、先ほどの第60回過去問を実際に韓国語で解いてみましょう。

TOPIKは、問題文も韓国語ですので、韓国語のカタマリを目にすることに少しでも早く慣れましょう。まずは実用文の51番です。

[51-52] 다음을 읽고 괄호에 들어갈 말을 각각 한 문장으로 쓰십시오.

51 〈1〉게시판

제목 : 도서관을 이용하고 싶습니다.

한국대학교를 졸업한 학생인데 도서관을 이용하고 싶습니다. 선배에게 물어보니 졸업생이 도서관을 이용하려면 도서관 카드가 (ㄱ). 도서관 카드를 만들려면 (ㄴ)？　방법을 알려 주시면 감사하겠습니다.

この文章は掲示板に卒業生からの問い合わせの内容でしたね。もう一度内容を日本語で確認します。

〈1〉掲示板

タイトル：図書館を利用したいです

本文：韓国大学を卒業した学生なのですが図書館を利用したいです。<u>先輩に尋ねてみたところ、卒業生が利用したいなら図書館カードが（　　ㄱ　　）。図書館カードを作るためには（　　ㄴ　　）？</u>　方法を教えてくだされればありがたいです。

では、ご自身で答えを考えて書いてみましょう。いきなりハングルで書ける場合はそのまま、まずは日本語で考えたい方は日本語で考えてからハングルに直しましょう。

	日本語	ハングル
ㄱ		
ㄴ		

❖ 解説

　ㄱの空欄を埋めるためには、空欄の直前部分だけでなく、この文章の始めの部分、先輩に尋ねて得た情報であることを見落としてはいけません。ここから、伝聞や引用表現が必要であることがわかります。また、「図書館カードを作るには」という表現から何かが「必要」という内容を含む文言を求められていることがわかります。よって、ㄱの空欄には(必要とのことです／必要と聞きました)という内容が入ります。次に、ㄴの空欄は、直前の「図書館カードを作るためには」に対応して、なおかつ空欄の真後ろにクエスチョンマークがあることから、図書館カードを作る方法を質問していることもわかります。したがって(どのようにしないといけないですか／どこに行かないといけないですか)という内容が入ります。

これを韓国語で書くと下記のようになります。

　ㄱ. 필요하다고 합니다 / 들었습니다

　ㄴ. 어떻게 해야 합니까 / 어디에 가야 됩니까

　次に、紛失物を探すための情報集めの内容もよく見かけます。これを韓国語で書くと下記のようになります。

〈2〉손목시계를 찾습니다.

　지난주 월요일에 음악실에서 (　ㄱ　). 까만 색의 낡은 손목시계입니다. 돌아가신 할아버지가 선물해 주신 소중한 물건이라서 꼭 찾고 싶습니다. 혹시 이 손목시계를 보시거나 (　ㄴ　)분은 다음 이메일 주소(9876rim@aaaaaa.com)로 연락을 주시면 감사하겠습니다. 찾아주신 분께는 꼭 사례를 드리겠습니다.

いかがでしょうか。日本語に訳します。

「腕時計を探しています」

　先週月曜日に音楽室で（　ㄱ　）。黒い古い腕時計です。なくなった祖父がプレゼントしてくれた大切なものなので必ず見つけたいです。もしこの腕時計をご覧になったり（　ㄴ　）方は次のメールアドレス（略）までご連絡をくだされればありがたいです。見つけてくださった方には必ずお礼を差し上げます。

では、次の表をうめてみましょう。

	日本語	ハングル
ㄱ		
ㄴ		

❖ 解説

　まず、タイトルで探し物に対する情報を求めていることがわかりますので、（　ㄱ　）は（腕時計をなくしました、置き忘れました）という内容が入ります。次に（　ㄴ　）は、この腕時計の行方についての情報を求めていることがわかりますので、見かけたり（持っている、保管している、拾った）という内容となります。これを韓国語に直します。

　ㄱ. 손목시계를 잃어버렸습니다 / 분실했습니다 / 놓고 왔습니다 / 두고 왔습니다
　ㄴ. 가지고 있는, 보관하고 있는, 주운 となりますが、尊敬表現を入れた
　　　가지고 계신 / 보관하고 계신 / 주우신 と書くといいでしょう。

　次に、最近主流になっているメールの文面です。招待したり、お礼を述べたり、予定を聞いたり変更したりといろんな表現が出題されます。（第41回過去問）

〈3〉제목 : 안녕하세요? 샤오밍입니다. 지난주에 댁으로 초대해 주셔서 감사합니다.

　　　선생님 덕분에 즐거운 시간을 보냈습니다.

　　　이번에는 (ㄱ).다음주 월요일과 수요일 중에 언제가 좋으십니까?

　　　저는 (ㄴ).편하신 오후 시간을 말씀해 주시면 감사하겠습니다.

タイトル：こんにちは、シャオミンです。先週、お宅に招待してくださってありがとうござ

　　　い ます。先生のおかげで楽しい時間を過ごしました。

　　　今度は (ㄱ)。来週の月曜と水曜のどちらがよろしいですか。私は

　　　(ㄴ)。ご都合のよい午後のお時間をおっしゃってくだされればありがたいです。

	日本語	ハングル
ㄱ		
ㄴ		

❖ 解説

　これは、先生のお宅に招待してもらったお礼に今度は自分がお招きする、招待
のためのメールであることが読み取れますので、ㄱは (私の家に招待したいです)。
となります。次に、来週の月曜と水曜のどちらがよろしいですか。と候補日を自分
から2つ提案していることから、自分はどちらの日にちも大丈夫であることがわか
ります。ㄴは (どちらでも大丈夫です)。という内容の表現が入るといいでしょう。

　ㄱ. 우리 집에 초대하고 싶습니다

　ㄴ. 둘 다 괜찮습니다

では、次に 52 番の説明文です。

第 60 回 52 番の過去問を韓国語で紹介します。同じ要領で表を埋めましょう。

52 사람들은 음악 치료를 할 때 환자에게 주로 밝은 분위기의 음악을 들려줄 것이라고 생각한다. 그러나 환자에게 항상 밝은 분위기의 음악을 (ㄱ). 치료 초기에는 환자가 편안한 감정을 느끼는 것이 중요하다. 그래서 환자의 심리 상태와 비슷한 분위기의 음악을 들려준다. 그 이후에는 환자에게 다양한 분위기의 음악을 들려줌으로써 환자가 다양한 감정을 (ㄴ).

一般的に、音楽治療をする際には患者に主に明るい雰囲気の音楽を聴かせるだろうと考える。しかし患者に常に明るい雰囲気の音楽を(ㄱ)。治療初期には患者がリラックスした感情を感じることが重要だ。そのため患者の心理状態と近い雰囲気の音楽を聴かせる。その後に患者にいろんな雰囲気の音楽を聴かせることで患者がいろんな感情を(ㄴ)。

	日本語	ハングル
ㄱ		
ㄴ		

❖ **解説**

　まず、(ㄱ)の入った文章の始めにしかしという逆説の接続詞があるので、前の文章と対照的な内容、否定文がくることがわかります。加えて文中に「常に」という副詞が入っていることから部分否定の文末表現が必要になりますので（聴かせるわけではない）となります。次の(ㄴ)は、そのためという順接の接続詞があるので、いろんな音楽を聴かせる（使役表現）ことで患者に多様な感情を（感じさせる）という内容が入ります。さらに(ㄴ)の二つ前の文章に「患者がリラックスした感情を感じることが大切」という一文がありますので、空欄の直前の「感情を」に対応させています。

　これを韓国語にします。

　ㄱ. 들려주는 것은 아니다／사용하는 것은 아니다

　ㄴ. 느끼도록 한다／느끼게 한다

次は科学実験のような説明文です。流れを考えながら表を埋めましょう。

〈2〉물을 종이 컵으로 (ㄱ). 하지만 종이 컵으로 물을 끓일 수 있다. 물을 끓이
는 온도는 100도이지만 종이를 태우려면 400도나 온도가 필요한 것이다. 그
래서 종이 컵을 이용해서 (ㄴ). 왜냐하면 종이컵이 타기 전에 먼저 물이 끓
기 시작하기 때문이다.

水を紙コップで (ㄱ). しかし紙コップで水を沸かすことができる。水を沸かす温度は 100 度だが紙を燃やそうとすると 400 度も温度が必要なのだ。だから紙コップを利用して (ㄴ). なぜなら紙コップが燃える前にまず水が沸き始めるからだ。

	日本語	ハングル
ㄱ		
ㄴ		

　この文章は、TOPIK お得意の、いわゆる先入観をひっくり返す内容の文章なので戸惑いますが、空欄の後ろの接続詞に注目することで、書けると思います。

　ㄱは、「しかし紙コップで水を沸かすことができる」という文章を対照的に水を紙コップで(沸かすことは難しいと考える人が多い / 考えがちだ)。となりますね。
　ㄴは、空欄の前の「水を沸かす温度は 100 度だが紙を燃やそうとすると 400 度も温度が必要なのだ。だから」という順接の流れと真後ろの理由の接続詞「なぜなら紙コップが燃える前にまず水が沸き始めるからだ。」となります。よって、紙コップを利用して (水を沸かすことができる / 可能だ) という内容になります。

　ㄱ. 물을 끓이기 어렵다고 생각하는 사람이 많다 / 생각하기 마련이다

　ㄴ. 물을 끓일 수 있다 / 물을 끓이기가 가능하다

第 2 章 文脈をしっかりつかんで穴埋めよう

実は筆者もこの問題に接するまで紙コップでお湯を沸かせるとは知りませんでした。このように TOPIK II は、作文だけでなく読解でもつい読みふけってしまう豆知識系の問題文が多いです。試験本番でうっかり時間を取られすぎないように気を付けてくださいね ^^

Ⅳ 練習問題

　では、ここまで解説した内容をもとに、問題を解いていきましょう。最近の51番では SNS でのやりとりの問題が増えていますが、問題傾向は予告なしに変わります。広告や案内文など幅広い内容にも触れておきましょう。

① 51. 다음을 읽고 ㄱ과 ㄴ에 들어갈 말을 각각 한 문장으로 쓰시오.

> **51** 〈1〉 〈요즘 해외 여행보다 국내 여행이 붐입니다! 〉
>
> 어디로 (　　ㄱ　　)??
>
> 비행기를 타고 제주도로 놀러가면 어떨까요? (　　ㄴ　　)??
>
> 걱정하지 마세요. 최근에는 저가항공사의 저렴한 가격 상품이 아주 많습니다. 빠르고, 편하게 비행기로 제주도를 다녀오세요!
>
> 　　　　　　　　　　　　　　세리즈여행사

　まず、日本語で意味をつかんでみてから、下の表をうめましょう。

和訳

	日本語	ハングル
ㄱ		
ㄴ		

❖ 解説

いかがでしたか?

　広告をお客さん目線ではなく、旅行会社という企業目線で考えて書かないといけない問題だったので、少し戸惑ってしまうタイプの問題だったかもしれませんね。でも試験本番でもこんな問題が出たら楽しいだろうと考えます。では、まず日本語で内容を確認します。

和訳:

〈近頃は海外旅行より、国内旅行がブームです!〉

どちらへ（　ㄱ　）??

飛行機に乗って済州島へ遊びに行くのはどうですか?　（　ㄴ　）??

心配しないでください。最近はLCCのお手頃価格の商品が多いです。

早くて楽な飛行機で済州島に行ってきてください!　セリズ旅行社

　問題は、疑問文が連続しますが、（　ㄱ　）は空欄前にどちらへとありますので、(行きたいですか / 旅行に行けばいいでしょうか) という内容になりますね。（　ㄴ　）は空欄の後ろに飛行機代を心配する必要がない、ということを書いていますので(飛行機代が心配ですか / 旅行費用が心配ですか) という内容が入ります。

ㄱ. 가고 싶으세요 / 여행을 가면 좋을까요

ㄴ. 비행기 요금이 걱정됩니까 / 여행 비용이 걱정입니까

〈2〉고양이를 찾습니다

　어제 오후 우리 집 고양이를 잃어버렸습니다. 몸은 하얀색이고 눈은 파란색입니다. 이름은 밀크라고 합니다. 밀크는 밖에 나가본 적이 없어서 많이 걱정이 됩니다. 혹시 우리 밀크를 보셨거나 （　ㄱ　）분은 아래 전화번호로 연락을 부탁드립니다. 사례금을 （　ㄴ　）.

　전화 ; 02-1234-5678

和訳

	日本語	ハングル
ㄱ		
ㄴ		

❖ 解説

和訳：ネコを探しています

　昨日の午後うちの猫がいなくなりました。体は白くて眼は青色です。名前はミルクといいます。ミルクは外に出たことがないのでとても心配です。もしうちのミルクを見かけたり（　ㄱ　）方は下の電話番号へ連絡をお願いします。お礼を（　ㄴ　）。

　これは、迷いネコを探すための広告です。

　（　ㄱ　）は（猫を連れている、拾った）方、という内容になります。腕時計をなくした文章でも練習しましたが、ネコは生き物なので、持っているよりも連れている、という表現のほうがぴったりです。（　ㄴ　）は、お礼を（したいと思っています）という内容が入ります。

ㄱ. 데리고 계신 / 주우신

ㄴ. 드리고 싶습니다 / 드릴 생각입니다 / 드리겠습니다

📢 **51番　空欄補充問題の注意点**

①（　　）の後ろにピリオドがあれば、平叙文か否定文で終了する。

②（　　）の後ろに？マークがあれば、疑問形で終了する。

③（　　）の後ろに、ピリオドも？マークもなれければ、文中ということです。

　文章を終了させないように気をつけましょう。

다음을 읽고 ㄱ과 ㄴ에 들어갈 말을 각각 한 문장으로 쓰시오.(각 5점)

---

52 〈1〉 쇼핑을 할 때 신용카드와 현금으로 결제하는 두 가지 방법이 있다. 신용카드의 장점은 (ㄱ). 하지만, 신용카드 사용액은 자신도 모르게 쌓이게 되므로 자칫하다가는 많은 빚이 생길 수도 있다. 따라서, (ㄴ).

和訳

	日本語	ハングル
ㄱ		
ㄴ		

❖ 解説

和訳：ショッピングをするとき、クレジットカードと現金で決済する二つの方法がある。クレジットカードの長所は (ㄱ)。しかしクレジットカードの使用額は知らないうちに積みあがるので、ややもすれば多くの負債が発生することもある。したがって (ㄴ)。

　クレジットカードの長短所を説明する文章です。(ㄱ) で (現金がなくても決済ができる) 長所を述べておいて、逆説の接続詞で次にその短所を述べています。(ㄴ) ではその対策や注意点が求められますので (使用額を確認しないといけない / 使用額に注意する必要がある) といった内容が入ります。

ㄱ. 현금이 없어도 결제를 할 수 있다는 점이다 / 결제가 가능하다는 점이다

ㄴ. 사용액을 잘 확인해야 한다 / 사용액에 조심할 필요가 있다

〈2〉 녹색은 정신을 가라앉히는 효과가 있다고 하는데 정신 건강에만 (ㄱ). 부
　　　모들은 아이들이 책을 자주 볼 때 멀리 있는 산을 (ㄴ). 왜냐하면 녹색에
　　　는 눈의 피로를 푸는 효과가 있다고 하기 때문이다.

和訳

	日本語	ハングル
ㄱ		
ㄴ		

❖ 解説

和訳：緑色は精神を鎮める効果があるというが精神衛生に<u>だけ</u>(ㄱ)。両親
は子供が本を読むとき、<u>よく</u>遠くにある山を(ㄴ)。なぜなら、緑色には目の
疲労を緩める効果があるというからだ。

　この文章は緑色が持つ複数の効果について、複数の事例を挙げて説明していま
す。(ㄱ)は健康に<u>だけ</u>という助詞があるので、単純な否定文ではなく（<u>役
立つわけではない、効果があるわけではない</u>）という部分否定の文末表現が求め
られます。次に(ㄴ)は緑色の持つ目に対する癒し効果のため子供に（<u>見るよ
うに勧めたりもする</u>）という内容が入ります。<u>よくいう</u>という表現から、そうする人
が多いという内容も要求されています。

ㄱ. 도움을 주는 것은 아니다 / 효과가 있는 것은 아니다

ㄴ. 보라고 하는 일이 많다 / 보도록 권유하기도 한다

ここまで、いろんなタイプの空欄補充問題を紹介しましたが、いかがだったでしょうか。最後の問題は、緑色の癒し効果を複数並列して説明したタイプのため、52番でよく出る、空欄の前後の反対の意味を書かせる部分がありません。

　しかも部分否定や、多くの人がやっている行動を表す表現等を求めてきますので、空欄の前後をしっかり読んで、文法が自然に呼応するようにたくさんの表現を覚えていく必要があります。少しずつ、楽しみながら増やしていきましょう。

TOPIK II 作文の入り口ともいうべき空欄補充問題、お疲れさまでした！

　引き続き、一緒にファイティン！！

📢 52番　答案作成の注意点

① 文章の主題を把握する

②（　　）を中心にして、どういう説明方法を取っているか考える

③（　　）の前後をよく読んで、当てはまりそうな内容を考える。

④ 問題文全体をよく見渡して、空欄の直前の言葉とつながっている表現をしている部分がないか探して、なるべくそれに合わせて書く。

⑤ あてはまる文法表現を使ったかどうか、確認する。

第3章

図表見て
ポイント押さえて
まとめよう

データ問題（53番）
解説と対策

（原稿用紙は 137 ページをコピーしてお使いください）

Ⅰ 問題ポイント解説

　では、空欄補充問題からステップアップしましょう。53 番は調査データについてグラフ等の数値データと、表などに箇条書きになっている文言が提示されますので、それらを 200-300 字で原稿用紙に書きます。

　え、何、グラフ？　ええ、見ただけで固まってしまいそうになりますね。

　でも、作文 100 点満点中 30 点も配点がありますし、提示されている内容を冷静につないでいくだけでも、一番確実に点数を取りやすい、最もお得な問題なのです。着実に手中に収めましょう。では、さっそく過去問を日本語で見てみましょう。

① 問題紹介（日本語）

　次を参考にして「インジュ市の自転車利用者数の変化」についての文章を 200 〜 300 字で書きなさい。ただし、文章のタイトルを書かないでください。（30 点）（過去問；第 60 回）

自転車利用者数

（単位：名）

21万

約5倍

9万

4万

2007年　2012年　2017年

変化の理由

・自転車道路の開発
・貸し自転車システムの拡大

利用目的

□運動及び散策　■通勤　■その他

4倍

14倍

3倍

2007 2017　2007 2017　2007 2017

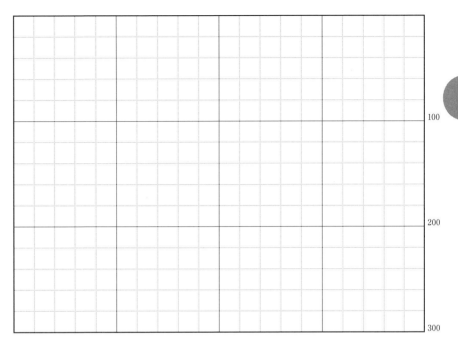

100

200

300

② ポイント解説

いかがでしょう？

　語学の試験なのに、グラフや数字の登場と原稿用紙の使い方等も採点対象になってくるので、一気にハードルが上がった感じがしますね。実は筆者も数字はあまり得意ではないので、できれば避けたいのが本音ですが、点数コスパ抜群の53番、見逃す手はありません。

　さて、問題の傾向が一番大きく変化したのが、この53番ですが、この問題は、大きく分けて2〜3つのパーツになっているのが特徴です。

　まずは数字の入ったグラフや表の部分、もうひとつは文言が箇条書きになった部分ですね。

　いずれも、これらのデータを正確に読み取ってすべてのデータを、伝わりやすい文

章に整えることが求められます。

　そのためには、問題全体として何を書かせたいのか、ここを冷静に読み取る必要
があります。データを整理して、3〜4つメモしてみましょう。

（1）

（2）

（3）

（4）

いかがでしたか？何を書くべきと感じましたか？

では、ここでデータ着目ポイントと注意点を整理してみましょう。
大きく分けて、3つあります。

何についての調査？	数字データは何を示している？	調査背景や展望？
調査テーマ、対象者調査機関、調査期間	数値の増減？回答数値の比較？	提示内容の引用方法は適切か？

　では、この第60回問題では、「インジュ市が行った自転車利用者数」の調査であり、
「調査期間は2007年から2017年の10年間である」[(1)]ことを明記します。

　次に、左側の折れ線グラフで何を書かせたいかを考えます。

　このグラフでは、「調査期間の10年間で自転車利用者数が伸びている」ことがわ
かりますね。また、増加の度合いが大きく、「利用者数が4万名から20万名と調査
期間に約5倍と大幅に増加している」[(2)]内容も必ず書きましょう。

　次に「自転車利用者数の変化の理由」と「自転車利用目的の推移」が箇条書き及び
グラフになっていますので

　これらの文言に適切な助詞や接続表現、述語をつけてつないでいきます。「<u>この調査より、自転車利用者数の変化の理由としては、次のふたつであることがわかった。ひとつは自転車道路の開発であり、もうひとつは貸し自転車の拡大である</u>」[(3)] と続けて「<u>次に利用理由として、通勤とする回答が 14 倍と大幅な伸びを見せており、その次に運動及び散策とする回答が 4 倍増加したことがわかった</u>」[(4)] とつなげるといいでしょう。本番ではこれを韓国語で書いていくわけですが、後ほど例題として紹介していきます。

　また、53 番には問題文の最後に「文章のタイトルを書かないように」という但し書きがありますね。

　この但し書きは、ある意味韓国らしく何の前触れもなく、試験の本番に登場しました。ちょうどその回に、筆者も会場で受験しておりましたので、受験者の皆さんと同様に動揺しました（笑）。

　「これは調査タイトルを文章中に書いてはいけないという意味なのか？」と判然としなかったので、試験後にこの但し書きの意図を直接 TOPIK の本部にホームページから韓国語で問い合わせて WEB で皆さんにシェアしたことがあります。回答内容は、原稿用紙を使った作文というと、最初の行にタイトルを書いて 2 行目に氏名、本文を 3 行目から書き始める方が多いので追加した但し書きなので、調査タイトルを文中に入れることは問題ないとのことでした。ですので、<u>安心して調査タイトルを書きましょう</u>。

❖ 53 番のポイントまとめ

① 53 番の採点基準として、文体は 52 番に引き続き、叙述体になります。書き言葉を意識して書きましょう。

② 文法レベルは中級以上の文法を使用することが求められますが最近の傾向では、調査内容の考察部分も箇条書き文言で提示されていることが多いです。53 番の採点基準では、言語使用のポイントが高く設定されてはいますが、ここでは、書き言葉としての接続や文末の定型表現を使えてい

れば問題ないでしょう。もちろん受験者のレベルにもよりますが、試験本番では 53 番での表現に凝って時間を使うより、より配点の高い 54 番に注力することをお勧めします。

③ 53 番は文言の写し間違いのないように、きちんと見直しタイムを確保できるように練習を積み重ねておきましょう。

④ また、原稿用紙にペン書きの緊張感も加わりますので、原稿用紙の使い方にも慣れておきましょう。備えあれば憂いなし。有備無患!

⑤ いきなり書き始めないで、まずは全体をじっくりと読んで、データの着目ポイントを整理しましょう。

Ⅱ 必要な対策・準備

① 53番 データ問題の構成

　ここまでの空欄補充と違って、53番からは原稿用紙に長さのある文章を書きますので、段落構成が必要となります。段落とは、最初の一マスを空けて、内容のつながりのあるブロック（パラグラフ）を作る書き方です。

　幸い53番は字数が200〜300字と多くはないので、最初のひとマスだけ空けて最後まで一段落で書いて問題ありません。

　とはいえ、いきなりグラフの数値データを書き始めるのではなく、全体の流れ（構成）を考えて読み手への伝わりやすさを意識して書きましょう。そのためには序論で調査内容や対象について、本論で調査データについて、まとめ部分で調査全体について書くという構成を意識するといいですね。

　大まかに53番の構成イメージと定型表現をまとめます。

序論	調査機関A調査対象Bと調査内容Cを明らかにする
	예) A가 B을/를 대상으로 C에 대한 조사를 실시하였다. A가 B를 대상에 C에 대해 조사를 실시했다.
본론	그래프의 수치 데이터, 조사 내용에 대해 자세히 서술한다
	예) 조사 결과에 따르면/ 조사 내용을 살펴보면 …ㄴ다는 것으로 나타났다. 조사결과·내용에 의하면 …임이 밝혀졌다.

まとめ	<u>箇条書きになっている調査背景や理由、展望等を文章化する</u> 例) 조사를 통해 …라는 것(사실)을 알 수 있다 調査を通じて…ということ（事実）がわかる。	

　このように、53番は数値データ部分と箇条書き文言部分に分かれていますので、それぞれ、書き方や定型表現について紹介していきます。

② 数値データ注目ポイント

　グラフで示されるデータには、いくつかのパターンがあります。

　最近の傾向で多く出題されているものに、一定の調査期間内で商品やサービスの売上高や利用者の人数がどのように増減したかを示すものがあります。主に折れ線グラフで示されることが多いです。その際は、<u>増えたのか減ったのか、その変化が激しかったか緩やかだったかなど、増減の度合いも書ける</u>とベストです。

　次に、調査対象ごとに<u>回答内容の上下順位を比較させる</u>ものもあります。男女や年代別などで<u>回答の違いや共通点をきちんと指摘して書ける</u>かどうかが問われます。このようにとてもお得な53番ですが、冷静にグラフから読み取れることをまとめる習慣をつけましょう。

パターン	目的	注目ポイント	注目する部分
a	増減	期間内での推移	期間内に数値がどのように増減したか
b	順位	回答順位	どの回答が一番多いか順位別に表現
c	比較	対象者ごとの回答の内容や順位を比較する	回答順位や対象ごとの回答の比較（男女や年代別等）

a. 数値増減の頻出表現

数値データが期間内にどのように変化したか、ペース表現も覚えましょう。

ポイント まずは、この助詞をセットで覚えましょう。

> N%から　N%へ増加 / 減少した　⇒　N%에서 N%로 증가 / 감소했다

増加 ↗

N이/가 증가하다(늘다/늘어나다), 올라가다, 상승하다

Nが増加する（増える）（上がる）上昇する

増加ピーク

…%에 이르렀다/ 달했다, …%까지 증가했다

…%에 至った / 達した　…%まで増加した

減少 ↘

Nが減少했다[줄다/줄어들었다], 내렸다[떨어졌다], 하락했다

Nが減少した［減った］、下がった［落ちた］下落した

減少の底辺

…%에 그쳤다/머물렀다, …%에 불과했다. …%까지 감소했다

…%にとどまった　…%に過ぎなかった　…%まで減少した

 変化のペースを表す副詞を入れよう！

꾸준히/계속/지속적으로　　증가/감소하였다

緩やかに　　継続的に　　増加した / 減少した

급격하게, 큰 폭으로, 대폭　⇔　소폭으로, 다소

急激に、　大幅に　　　　　　小幅に、多少

약 N배로 증가했다　약 N倍に増加した

b. 順位頻出表現

回答内容データで、順位を示す必須表現です。上位2位までの回答を示していることが多いですが、それ以下の順位の表現方法も一緒に覚えておきましょう。

① 最も高い順位

　　…다는 응답이 N%로 가장 높게 나타났다, 가장 많았다

　　…という回答がN%と最も高く現れた、最も高かった。

　　…다는 응답이 가장 많은 것으로 뽑혔다/꼽혔다/조사되었다

　　…という回答がもっと多く選ばれた。調査で明らかになった

② 次の順位

　　N이/가 N%로 그 뒤를 이었다.　　NがN%でその後に続いた

③ 順位を単純に羅列

　　N, N의 순이었다.　　N, Nの順位だった。

では、あまり構文ばかりでもつまらないので、他の表現も使って子供に人気の
ある飲み物の味の順位を表現してみましょう。

1位：バナナ（40%）　　2位：イチゴ（37%）　　3位：メロン（23%）

(1位) 아이들이 바나나맛을 좋아한다는 응답이 1위를 차지하였다.

　　　子供たちがバナナの味を好きだという回答が1位を占めた。

(2位) 이어서 딸기맛이 37%로 2위로 나타났다.

　　　次いでイチゴ味が37%で2位に登場した。

(最終位) 마지막으로 멜론맛이 가장 낮았다, 가장 적게 나타났다.

　　　最後にメロン味が最も低かった。最も少なく現れた。

c. 比較頻出表現

　　最後に、これまで出た順位を調査対象ごとにデータを比較する表現が必要になる
　　ものもあります。これが一番複雑になりますが、落ち着いて書きましょう。

❖ **新年の抱負**

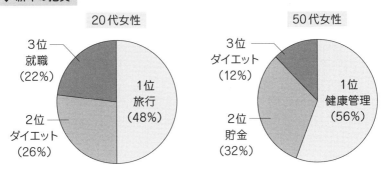

・大まかに対照する場合

　反面に，　これに反し，　Nと/と　違り

　反面、これに反して、Nとは違って

　例) 調査結果によると新年の計画を比較すると20代の1位は旅行であったが、こ
　　　れとは違って、50代の1位は健康管理ということがわかった。

　예) 조사 결과에 따르면 20대의 새해 목표 1위는 여행이 차지했는데 이와 달
　　　리 50대 1위는 건강 관리로 나타났다.

　　また、回答内容を引用する場合、回答内容の文言が名詞の場合はその後ろに数
　　字や順位を付けて書きやすいのですが、回答内容が名詞ではない場合、少し戸惑い
　　ますね。その場合は引用のマークを付けたり、間接引用の形で書けば大丈夫です。

❖ **余暇の過ごし方**

	男性	女性
1位	ゲーム	SNS
2位	運動をする	ショッピング

上記のような調査回答内容を文中に引用する際は、回答の文言そのものに直接助詞を付けることも可能ですし、「～という回答が」「～と回答した人が」などの言い方で引用すればいいでしょう。

❖ 毎日運動ができない理由

	10代	40代
1位	時間がないから	時間がないから
2位	お金がないから	体力がないから

　また、上記のような「～だから」という理由の引用例も次の表にまとめます。

止め方	例	文章に引用する場合
名詞	게임 ゲーム	게임이/'게임'이/게임이라는 응답이
用言（叙述体） 言い切り	운동한다 運動する	운동한다가/'운동한다'가/ 운동한다고 응답한 사람이
理由	시간이 없어서 時間がないから	시간이 없어서가/'시간이 없어서'가/ 시간이 없어서라는 응답이

③ 箇条書きデータ引用

　最新の試験傾向では、調査で明らかになった数値の変化の原因や社会的な背景、今後の展望や課題が箇条書きで提示されることが多いです。

　いずれも、内容が名詞など完全な文章の形で終了していないことが多いので、助詞を付けて、理由や展望などの接続表現、文末表現を使って文章の形にすれば大丈夫です。よく使われる表現を練習しておきましょう。

影響	이러한 결과에는 …이/가 영향을 미친 것으로/준 것으로 보인다	그 결과에는 …가 영향을 与えたものと見られる
変化の原因	증가/감소 원인으로 …을/를 들 수 있다	増加/減少の原因として…を挙げることができる
理由	이와 같이 …(으)ㄴ 이유는 …기 때문인 것으로 보인다	このように…した理由は…だからだと思われる
目的	…을/를 목적으로, …기 위해서라고 응답했다	…を目的に、…するためにと回答した
特徴、長短所	A는 B(으)ㄴ다는 특징/장점/단점이 있다	AはBという特徴/長所/短所がある
背景・展望	이러한 배경으로 인해 …(으)ㄹ 것으로 보인다/ …(으)ㄹ 전망이다	このような背景により…であろうと思われる。…する見通しだ
分析結果（文章全体を終わらせるときに使えます）	조사 결과를 통해 …다는 사실을 알 수 있다	調査結果を通じて…という事実がわかる

Ⅲ 例題解説

例題1

では、先ほどの第60回の過去問を韓国語で見てみましょう。

インジュ市の自転車利用者数の推移と変化理由、利用目的でしたね。

53. 다음을 참고하여 '인주시의 자전거 이용자 변화'에 대한 글을 200~300자로 쓰시오. 단, 글의 제목을 쓰지 마시오. (30점)

자전거 이용자 수

(단위:명)

21만

약5배

9만

4만

2007년　2012년　2017년

변화 이유

· 자전거 도로 개발
· 자전거 빌리는 곳 확대

이용 목적

□운동 및 산책　■출퇴근　■기타

4배　14배　3배

2007 2017　2007 2017　2007 2017

先ほど、ざっと日本語で解説しましたので、<u>この問題で書くべきポイント</u>を韓国語でメモしてみましょう。<u>箇条書き部分は、どんな風につなぎますか？</u>

（1）조사 내용

（2）자전거 이용자 수 그래프

（3）변화 이유

（4）이용 목적

いかがでしたか？　問題に提示されている内容のメモ書きなんて必要ないと思われる方もいらっしゃるかもしれませんが、試験本番では慌ててしまいますので、一度簡単にメモや整理してから書き始めることを、強くお勧めします。

メモができましたら、137ページの原稿用紙をコピーして、200～300字で実際に書いてみましょう。おそらく、箇条書きの部分をどうつなぐかで少し迷われるのではないでしょうか。

では、ここで公開されている解答例を提示します。ご自身の書かれたものと比較してみましょう。

인주시의 자전거 이용자 변화를 살펴보면, 자전거 이용자 수 는 2007년 4만 명에서 2017년에는 21만 명으로, 지난 10년간 약 5배 증가하였다. 특히 2012년부터 2017년까지 자전거 이용자 수가 급증한 것으로 나타났다. 이와 같이 자전거 이용자 수가 증가한 이유는 자전거 도로가 개발되고 자전거 빌리는 곳이 확대되었기 때문인 것으로 보인다. 자전거 이용 목적을 보면, 10년간 운동 및 산책은 4배, 출퇴근은 14배, 기타는 3배 늘어난 것으로 나타났으며, 출퇴근 시 이용이 가장 높은 증가율을 보였다.

いかがでしょうか。文言の繋ぎ表現を積極的に取り入れていってくださいね。では、この解答例を和訳しながら、ポイントごとに下線と番号を振りますのでご自身の書いたものと比べてみてくださいね。

和訳：インジュ市の自転車利用者の変化⁽¹⁾を調べてみると、自転車の利用者数は2007年4万人から2017年には21万人へと、この10年間で約5倍増加した。特に2012年から2017年まで自転車の利用者数が急増したことがわかる。⁽²⁾このように、自転車利用者数が増加した理由は自転車道路が開発されて自転車を借りる場所が拡大されたからと思われる⁽³⁾。自転車の利用目的をみると、10年間「運動及び散策」は4倍、「通勤」は14倍、その他は3倍増加したことがわかり、通勤時の利用が最も高い増加率を見せた。⁽⁴⁾

さて、次は2019年度には見かけませんでしたが、以前はよく出ていたタイプの問題ですので念のため、例題として説明しておきます。

例題2

다음 그래프를 보고 연도별 신혼 부부 인구 변화에 대해 설명하고, 연령분포도에 대해 200~300자로 자신의 생각을 쓰시오. (30점)

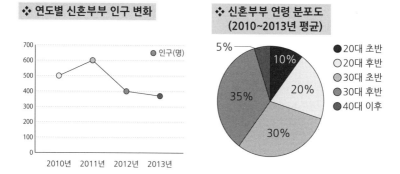

❖ 연도별 신혼부부 인구 변화

❖ 신혼부부 연령 분포도
(2010~2013년 평균)

一見してわかりますが、グラフが2つ出てくるタイプで、箇条書き文言の部分の代わりに「自分の考えを書きなさい」とする問題です。

では、書くべき内容をメモしてみましょう。韓国語のみでも大丈夫な方は日本語部分を飛ばして、繋ぎの部分だけでもメモしてみてください。

	日本語	韓国語
（1）調査内容の概要		
（2）折れ線グラフ		
（3）円グラフ		
（4）自分の意見 （この調査から わかること）		

　メモができましたら、137 ページの原稿用紙をコピーして、200 〜 300 字で実際に書いてみましょう。おそらく、箇条書きの部分をどうつなぐかで少し迷われるのではないでしょうか。ここで、よくある学習者の解答サンプルを挙げてみます。

같은 기간 동안 ◄
하지 않은 경우가 많다 ◄

이 그래프는 2010년부터 2013년까지 연도별 신혼부부 인구 변화와 <mark>같은 4년간</mark> 신혼부부의 연령 분포를 나타낸 것이다. 조사 결과 2010년에 500명이었던 신혼부부가 2012년에 400명으로 감소했다. 반면에 신혼부부 연령 분포는 30대 후반이 35%로 가장 높았고 다음은 30대 초반이 30%였다. 내 주위에서도 젊은 사람이 결혼을 <mark>하지 않다</mark>. 결혼을 하고 싶다고 느낄 수 있는 사회가 <mark>되어</mark> 한다고 생각한다.

50 / 100 / 150 / 200

► 되어야

❖ 解説

　3級を通過して、4級合格を目指す方の作文例です。多少のミスも見られますが、とてもがんばられましたね ^^

　文字数は、ギリギリ 200 字を超えているので、問題ないですが、もう少しグラフの内容を詳しく書けるといいですね。

① 原稿用紙の数字、コンマ、％等の記号の扱い方を注意しましょう

② 語尾表現については、データに基づく部分は断定でかまいませんが予測される部分については、展望や推定の表現を使うといいでしょう。

　最近は見かけなくなりましたが53番で、この「自分の考えを書きなさい」という問題の指示が復活する可能性も捨てきれません。

　ここで求められている「自分の考え」とは、あくまでも提示されたグラフを比較して推測できる範囲に留めましょう。この方の場合、自分の身の回りから感じた内容を最後に書いてしまっていますが、残念ながら53番では採点対象になりません。300字マックスで得点につなげたい53番では、非常にもったいないことになってしまいます。

　でも、書き手のオリジナルな意見は、この次に控えている大物54番で存分に生かしていけますので、引き続きがんばっていきましょう！

　では、問題を和訳しながら解説します。

　次のグラフを見て年度別新婚夫婦人口の変化と新婚夫婦の年齢別比率を比較して、それについて自身の考えを200～300字で書きなさい。

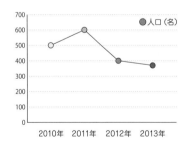

❖ 年度別　新婚夫婦人口の変化

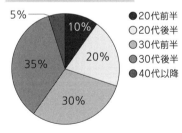

❖ 新婚夫婦　年齢分布図
（2010～2013年平均）

　では、問題で提示されている情報を表に整理してみましょう。

　韓国語の部分は、敢えて空けておきます。一度ご自身で書かれてから、解答例で確認してみましょう。

	日本語	韓国語
（1）調査内容の概要	2010 年から 2013 年の新婚夫婦の人口変化と年齢分布	
（2）折れ線グラフ	2010 年 500 人から 2011 年は 600 人に増加したのちに 2012 年は 400 名に大幅減少の後 2013 年も減少傾向である	
（3）円グラフ	第 1 位 30 代後半の 35％ 次いで 30 代前半の 30％ 3 位は 20 代後半の 20％ と続く 40 代以降は 5％と最下位	
（4）自分の意見（この調査からわかること）	新婚夫婦は 30 代以降が多い	

いかがでしょうか。ポイントは押さえられましたか?

調査内容はグラフが二つありますので、それぞれに書きましょう。折れ線グラフは、数字の増減ですね。この問題は折れ線グラフが単純な動きではなく、数値が減少してから増加へと転じているので、その変化もきちんと書けるように練習しましょう。

円グラフは、順位を羅列しますが、順位の高いものから書いたほうが読み手にわかりやすいですね。

また、「自分の意見」はグラフや提示されているデータから読み取れる内容に限定しましょう。シンプルな意見でかまいません。提示された問題情報以外の内容を書くと、減点対象となります。

　2010년부터 2013년까지 신혼부부 인구 변화와 신혼부부 연령별 비율에 대해 조사하였다. 조사 결과에 따르면 신혼부부 인구는 2010년에 500명에서 2011년에 600명으로 증가하였으나 2012년에 400명으로 급격하게 감소한 후 2013년에도 줄어들었다. 또한 신혼부부 연령 분포도는 30대 후반이 35%로 1위를 차지하였으며 30대 초반이 30%로 그 뒤를 이었다. 다음으로 20대 후반이 20%로 3위로 나타났으며 40대가 5%로 가장 적었다. 이상의 조사 결과를 통해 신혼부부 인구는 감소할 전망이며 신혼부부는 30대 이후가 많다는 것을 알 수 있다.

　では、この解答例を和訳しながら、ポイントごとに番号を振りますのでご自身の書いたものと比べてみてくださいね。

和訳：2010 年から 2013 年まで新婚夫婦の人口の変化と新婚夫婦の年齢別比率について調査した。[1] 調査結果によると新婚夫婦の人口は 2010 年に 500 人から 2011 年に 600 人に増加したものの 2012 年に 400 名と急激に減少した後 2013 年にも減少した[2] また、新婚夫婦の年齢別分布図は 30 代後半が 35% と 1 位を占めて 30 代前半が 30% とその後に続いた。次いで 20 代前半が 20% で 3 位となり、40 代以降が 5% と最も少なかった。[3] 以上の調査結果を通じて、新婚夫婦の人口は減少する見通しであり、新婚夫婦は 30 代以降が多いということがわかる。[4]

Ⅳ 練習問題

　では、最新傾向の練習問題に取り組んでいきましょう。

この問題では、折れ線グラフと原因と展望の箇条書き文言の３つのパートで構成されて
います。

　다음을 보고 최근 5년간 한국 드라마 시청 인구가 어떻게 변화했는지 설명하고, 그 원

인과 앞으로의 전망에 대해 200~300자로 쓰시오. (30점)

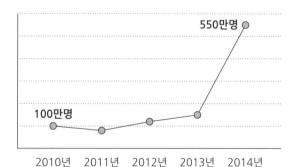

원인	전망
1. 한류 열풍으로 한국 드라마 인기가 높아짐. 2. 흥미로운 소재로 높은 평가를 받음.	드라마 시청인구 계속 증가 → 한국 관광 산업에 긍정적 영향

　もう皆さん、慣れてきたことと思いますが、この問題データのポイントを整理してい
きましょう。

	日本語	韓国語
（1）調査概要		
（2）折れ線グラフ		
（3）原因		
（4）展望		

　ポイントをまとめた方はメモができましたら、137ページの原稿用紙をコピーして、200〜300字で実際に書いてみましょう。箇条書きの部分をどうつなぐかで少し迷われるのではないでしょうか。

　いかがでしょうか。もうポイントはわかってきましたよね?

　（2）の折れ線グラフは、数字の増減ですね。この問題も折れ線グラフが単純な動きではなく、数値が減少してから増加へと転じているので、その変化もきちんと書きましょう。

　（3）〜（4）の箇条書きの原因と展望は定番表現と品詞変化を使いながらつないでいくといいでしょう。

　では、問題を和訳します。

問題　次に示す最近5年間の韓国ドラマの視聴人口がどのように変化したのか説明して、その原因とこれからの展望について200〜300字で書きなさい〈30点〉

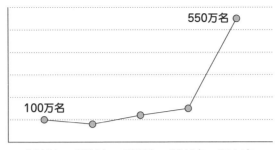

	原因	展望
	1. 韓流ブームで韓国ドラマの人気が上がったこと 2. 興味深い素材で高い評価を受けたこと	ドラマ視聴人口が引き続き増加 →韓国の観光産業に肯定的な影響

　ここで、提示されている情報を表に整理してみましょう。韓国語の部分は、敢えて空けておきます。一度ご自身で書かれてから、解答例で確認してみましょう。

	日本語	韓国語
（1）調査概要	2010年から2014年の韓国ドラマの視聴人口の変化についての調査	
（2）折れ線グラフ	2010年には100万名だったが2011年に減少した後2014年には550万名に激増	
（3）原因	韓流ブームと興味深い素材	
（4）展望	ドラマ視聴人口の増加が観光産業に肯定的影響	

　では、解答例を示します。和訳部分はポイントごとに分けましたので、ご自身の書かれたものと比較してくださいね。

　이 그래프는 2010년부터 2014년까지 한국 드라마 시청 인구의 변화를 나타낸 것이다. 조사 결과 한국 드라마 시청 인구는 2010년에 100만 명이었는데 2011년에는 소폭 감소하였다. 그러나 그 후 꾸준히 상승세를 보여 2014년에는 500만 명으로 5배 이상 증가하였다. 이렇게 5년 동안에 한국 드라마 시청 인구가 증가한 원인은 다음과 같다. 첫째, 한류 열풍으로 한국 드라마 인기가 상승하였기 때문이다. 둘째, 드라마 소재가 흥미롭다고 높은 평가를 받았기 때문이다. 앞으로 한국 드라마 시청 인구가 계속 증가함에 따라 한국 관광 산업에 긍정적 영향을 줄 전망이다.

和訳：このグラフは 2010 年から 2014 年まで韓国ドラマ視聴人口の変化を表したものだ。[1] 調査の結果、韓国ドラマ視聴人口は 2010 年に 100 万人だったが 2011 年に小幅に落ち込んだ。しかし、その後徐々に上昇傾向を見せて 2014 年には 500 万人と 5 倍以上増えたことがわかった。[2] このように 5 年間に韓国ドラマ視聴人口が増加した理由は次の通りである。第一に、韓流ブームで韓国ドラマの人気が上昇したからだ。第二に、ドラマの素材が興味深いと高い評価を受けたからだ。[3] これから韓国ドラマ視聴人口が引き続き増加するにしたがって、韓国の観光産業に肯定的な影響を与える見通しだ。[4]

皆さん、お疲れ様です。

ここまでで、TOPIK Ⅱ作文の半分、50 点分の 51 ～ 53 番の練習が終了です〜！

진짜 대단하세요　（＾＾）／　素晴らしいです！！

ぜひ、ここまで来たご自身を褒めまくって、ベランダでストレッチでもしましょう。

ごひいきの韓流スターやアーティストに癒されるのもよろしいかと思います。

TOPIK Ⅱ作文は、制限時間を気にしながらたくさんの定型表現を覚えたり、グラフを読んだりと忙しいですね。本書以外にも、たくさん練習が必要です。

でもここまでのポイントを確実に押さえるだけでも、100点満点中の40点台は堅いのです。もちろん、試験本番ならではのミスもありますし、5〜6級を狙う方には物足りないでしょう。せっかくTOPIK II 作文に挑むのなら、ぜひともこの先の大物、54番のテーマ作文に挑んでほしいと思います。難しそうではありますが、コツがわかってくると、原稿用紙を埋めたい衝動にかられること間違いなしです。腹をくくって、少しずつでも自信を持って書いていきましょう。

　一息ついたら、引き続き、一緒にファイティン！！

✦✦✦ **クイズ** ✦✦✦
では、ここで連体形と叙述体クイズです。正しいものはどちらでしょう ^^

가. 사람마다 가치관이 (다르다 / 다른다).
　　人によって価値観が違う。

나. (다른 / 다르는) 나라의 문화를 존중해야 할 것이다 .
　　違う国の文化を尊重しなくてはならないだろう。

다. (필요한 / 필요하는) 것이 있으면 미리 준비해야 한다 .
　　必要なものがあれば、あらかじめ備えなくてはいけない。

라. 문제 해결을 위해 충분한 토론이 (필요하다 / 필요한다).
　　問題解決のために十分な討論が必要だ。

解答⇒100ページ

第4章

びびらずに
練習重ねて
攻め落とせ

テーマ作文問題（54番）
解説と対策

（原稿用紙は 138 〜 139 ページをコピーしてお使いください）

Ⅰ ポイント解説

心の準備は OK ですか?

いよいよ 54 番を迎えましたね。TOPIK Ⅱ 試験の最大の山場、ラスボス（最強の敵）とも称される 600 ～ 700 字テーマ作文です。

TOPIK は韓国内での大学や大学院進学、就職等で有効期限 2 年の実力証明をするという役割をもっています。そのため、大学でレポートや論文、職場で報告書を書くことを前提に相手に伝わりやすい論理的な文章作成を課しています。したがって、54 番は社会的なテーマで論理的な構造の文章が書けているか、レベルに応じた豊かな言語表現ができているかが問われます。上級レベルの問題です。

普段、日本語で 600 字も書く機会もそうそうないのに、ましてや韓国語でとなるとハードな印象がありますね。しかもその採点基準は非常に厳しくて受験者の悩みのタネです。フィギュアスケートでいえば、いよいよフリープログラムに入ることになります。プログラムで要求されている要素を満たしつつ、ショートプログラムよりも自分の個性を出して、しっかりとした構成で長く書くことが求められます。レベルによっては、要所要所で小技を効かせて、得点アップも狙っていきたいところです。

では、54 番とはどんな問題なのか、謎を一緒に解き明かしていきましょう。アスリート気分で、ついてきて下さいね！

① 問題紹介　（第52回過去問）

まずは日本語で、大まかに問題のイメージをつかみましょう。

　私たちは生活しながら、お互いの考えが違って悩みを持つことが多い。このような悩みはコミュニケーションが不足して起こるケースがほとんどである。意思疎通はお互いの関係を維持して発展させるのに重要な要因となる。「意思疎通の重要性と方法」について次の内容を中心にして自身の考えを述べよ。

　・意思疎通はなぜ重要なのか

　・意思疎通がうまくいかない理由は何なのか

　・意思疎通を円滑に行う方法は何なのか

　この問題では「意思疎通」について取り上げられています。使われている単語の難易度が高くなく設問も親切設計なので比較的取り組みやすいタイプです。

　後ほど詳しく説明しますが、意思疎通の重要性は社会を形成するうえで必須であり、うまくいかない理由は相互理解の不足、円滑に行う方法は丁寧な傾聴等と答えてから詳細を作り込んでいくとよいでしょう。

　54番の過去問をひもときますと「歴史教育の意義」「早期教育の是非と根拠」「社会に必要な人材の条件」等、幅広い難易度で出題されています。

　ところで、ここで皆さんにおききしたいのですが、記述式の長文問題を難しく感じるのって、なぜでしょうか?

　そうですね、筆者が個人的に思うには、マークシートの選択式のように「用意されている正解を選べばいい」問題ではなく、解答を自分で考える必要があるからではないでしょうか。まさに54番では「自分の意見」も求められます。そこで「何」を書いたらいいのか悩むところですね。

　でもその本当の理由は、立派な「正解」を書かねばと思うからではないですか?

しかし問題の意味をきちんと読み取った内容であれば、貴方の意見そのものが採点者から「不正解」と判定されることはありません。また、それは大それた立派な意見である必要もありません。なおかつ真実である必要もありません。極端な話、ホラでもいいので、自分の手持ちの韓国語で表現できる範囲の、素朴な意見で問題ないのです。

これはあくまでも「論理的な思考力と語学力を測るための問題」であることを念頭に、自分の韓国語能力を筋道立てて、採点者にしっかりとアピールしていけるよう、普段から試験本番で武器として使えそうなネタを集めておきましょう！

え？それでも難しそうですか？

実は筆者も最初は本当に下手くそでしたよ。それに、はじめから模範解答のような文章を書ける人がいたら、こちらがビックリします。それだけ、ハードルが高い問題なのです。

では、ポイントと書き方を解説しますので、自分にできるレベルから、ひとつずつ取り組んでいきましょう！書き言葉表現を身につけながら読解の勉強と並行練習することで、必ず合格点の作文が書けるようになります。ジワジワと敵の城に迫っていって、着実に攻め落とすのです！オー！(^-^)／

 54番ポイントまとめ

① 問題の文脈にきちんと沿っていれば、意見そのものが不正解とジャッジされることはありません。

② しかし問われているテーマそのものに対する知識が不足していると、日本語でも意見が出ません。

③ 上級を目指す方は日本語と韓国語の両方で時事関連ニュースの新聞記事やコラム等の公的な文章を読むことで、知識や意見をカバーしていきましょう。韓国語以外にも視野が広がって、楽しくなりますよ。

② 論理的文章とは

論理的って怖くない

53番までと同様ですが、54番で求められているのは「論理的文章」です。言葉だけ聞くと難しそうですが、意外と単純な話です。

まず「論理的」に必要なものは、文章のゴール、「相手に伝えたい事柄」つまり「結論」です。その結論を補足する形で根拠を述べていくことで相手を納得させる。結論に関係あることのみ書くことで、読み手が「結論」に到達するのに迷子にならない。この手順をきちんと踏んでいる文章が「論理的」な文章です。

54番では、ガイド設問ごとに原稿用紙の最初のマスを下げてブロックを作って書いていきます。

そして、このブロック毎に「結論＝設問に対する答え」を明示して、それを根拠としてサポートする文章で形成していきます。このブロックの中には、結論に関連する内容のみを書きます。このように内容がひとかたまりになっている文章のブロックを「段落」（パラグラフ）というのは、すでに何度かお話してきたとおりです。

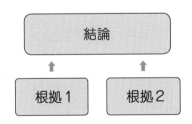

実際の54番の問題では、設問一つの段落につき、結論文章とそれをサポートする根拠の文章を2〜3つで構成するといいでしょう。もちろん、結論部分を段落の初めに書くのか、最後に書くのかは自由ですが、結論部分はどこにあるのか、採点者が読み直さなくても一度で伝わるように心がけましょう。

読み手に親切な全体構造で書く

先ほどは、段落の中での論理的な構造について説明しましたが、次は文章全体の論理的構成です。

作文の読み手は試験の採点者とはいえ、いきなり社会的なテーマについて何の前置きもなく本論から書き始めると唐突な印象の文章になります。したがって導入部分で何の話題について書くのか短くてもいいので予告したほうがいいでしょう。次に設問について本論の部分で述べた後、最後に全体を短くまとめて相手に確認する手順を取りましょう。段取りイメージは下記に示します。

導入，序論	内容予告、背景説明、定義、立場表明等
	設問1の結論 　　根拠1 　　根拠2 　　根拠3
本論 ↑ ここから 考える	設問2の結論 　　根拠1 　　根拠2 　　根拠3
	設問3の結論 　　根拠1 　　根拠2 　　根拠3
全体まとめ	全体と自分の意見を短くおさらい

なお、書き上げる手順は上の表の通りですが、よほど自信がない限り、いきなり原稿用紙に書き始めることは非常に危険です。段落ごとにどんな内容で書くか、時間を決めて構成メモを作りましょう。

また、その際に構成メモは、問題本文を適宜引用しつつ作っていきます。

順番は導入部分から作るのが自然ですが、導入部分を作るのは意外と難しいです。そこで、ここではあえて

　　　本論部分から先に作ること　をお勧めします。何より大切なのは本論の部分です。

　あくまでも導入と全体まとめ部分は本論の補足です。また設問が3つある問題のケースは、全体まとめ部分で別に段落を作ると文字数が不足することもあります。その際は設問3の段落の最後に一文付け加える程度でもいいでしょう。

　全体を何段落にするか、厳密な決まりはありませんが、設問ごとに段落を作ったほうが採点者にわかりやすいと思います。導入部分と全体まとめについては構成メモの最後の段階でどういう風に書くかデザインしましょう。

① まず、本論部分の構成メモに問題本文から使えそうなところを探して引用する。

② せっかくのヒントを導入部分に使いすぎない。

　ハングルで600字も書くなんて、聞いただけでひるんでしまいますが、最近の54番問題文の中には、問題キーワードを補足する説明記述部分があります。また、解答を書いていくためのガイドとなる小さな設問が2〜3つ与えられているので、設問ごとに原稿用紙の最初の一マスを空けて段落を作っていきます。

　問題の本文から文言を作文に適宜引用することは問題ありません。

　しかし問題の但し書きに明示されているように丸写しは避けて、接続や語尾等に何かしらのアレンジを加えましょう。

　なお、作文54番で最も重要視されるのは3つ目の解決策提案の段落です。序文作成に時間と原稿用紙を取られすぎると、肝心の最後の段落が書けなくなってしまうこともあります。序文は1〜2文にとどめて、最初の設問と同じ段落に入れてしまうのもおススメです。

　今さらですが、TOPIK作文は試験問題です。せっかく書いたのに、得点にならないともったいないですね。自分なりに練習して「書けない」をクリアしたのに「書いたけど点数が伸びない」という受講生さんも多いです。なおTOPIK作文は一般的な作文と違って、「とりあえず原稿用紙のマスを埋めたら、何らかの部分点があるはず」と大きく期待しないほうがいい採点基準であることは公式ホームページで明示されています。下記和訳して引用します。（54番の採点基準：50点満点）

区分	採点根拠
内容及び課題遂行 （12点）	① 与えられた課題を忠実に遂行したか ② 主題と関連した内容で構成したか ③ 内容を豊かで多様に表現したか
文章の展開構造 （12点）	① 文章の構成が明確で論理的か ② 中心的な考えが適切に構成されているか ③ 論理展開に役に立つ談話表示を適切に使用して、組織的に連結しているか
言語使用 （13×2＝26点）	① 文法と語彙を多様で豊かに使用し、適切な文法と語彙を選択して使用しているか ② 文法、語彙，綴り方等の使用が適切か ③ 文章の目的と機能に沿って格式に合うように文章を書いたか

　そこで公開されている評価基準と筆者自身の受験及び指導経験を基に分析した結果、得点になりやすいステップは次に示した図のようになると思われます。（あくまでも問題を適切に理解してミスがないことを前提とします）

1. 設問毎に段落を作って書き言葉で明確に答える	2. 各段落を適切な接続詞で連結して全体をまとめる	3. 段落の中身を根拠立てて緻密に構成する	4. 豊かな表現を積極的に投入する
〜　4級　〜	5級　〜	6級	

　ステップ1で「明確に答える」としたのは、「論理的な構造」でどこに設問の結論があるのか採点者にわかりやすく書くことです。なぜなら採点者は設問にきちんと解答しているかを最初にチェックすると考えられるからです。採点者を迷子にしないように、短くても明確にすべての設問に答えることから始めてください。それができてから、レベルに合わせて表現技巧を使っていきます。

　配点が50点との大きい54番は5〜6級レベルの問題ですが、中級者はご自分のレベルに合わせて取り組んでいきましょう。ただし、残念ながら、内容の重複や表現のミスがあった場合、得点になる可能性は非常に低いのが現状です。試験本番では時間配分上、3級レベルの方は53番までを確実に仕上げることをお勧めします。その上で時間が余った場合のみ54番に取り組むといいでしょう。

Ⅱ 54番に必要な予備知識

ここからは4級レベルをクリアされた方（作文40点以上）向けの内容になります。

① 問題のタイプ把握

　作文では、「何を」書かせようとしているのか、正確に読み取ることが何より大切です。

　「そんなん当たり前やん」と思いましたか？　でも試験本番は慌てていますし、問題の最初を読んだだけで何かしらの思い込みで勘違いしたまま書き進め、終盤でやっと気づく悲劇は枚挙に暇がありません。

　そう、残り時間わずか、原稿用紙の前で修正テープと途方に暮れる、「TOPIK作文あるある」です。

　本番での「冷静さ」が何より大切な54番です。

 問題の主題とタイプを、冷静に認識することからスタート！

　問題タイプは大きく分けて2つあります。ひとつめは、与えられたテーマについての社会的な影響や望ましい方向性等を詳しく書いていく分析タイプ、もうひとつは賛否両論あるテーマについて自分の立場をはっきりと打ち出して根拠を述べていくディベートタイプです。

（１）分析タイプ

　分析タイプ　には大きく分けて3つの流れがあります。一番多いのが、社会に与えた影響を問うものです。影響にはプラス面とマイナス面がありますので、現象の問題点を挙げさせる種類の設問も実は影響問題の応用です。長所と短所について述べさせる問題もこの影響問題の展開例といえます。次に現象の重要性や必要性を述べさせるタイプです。役割についてもこの展開ですね。最後に先で述べた問題点の解決方法や望ましい方向を書いて締める流れになっているケースが多いように感じます。

（２）ディベートタイプ

　ディベートタイプは、分析タイプの解決法と混同するケースが多いのですが、賛否両論ある問題で自分の立場を明確に打ち出す必要があります。主語に「自分」を強く打ち出していいのはこのタイプのみと考えられます。

タイプ	必要な要素
分析型	社会に与えた影響（プラス面、マイナス面）/ 사회에 끼친 영향(긍정적 측면, 부정적 측면)
	重要性、必要性 / 중요성, 필요성
	望ましい方向、解決する方法 / 바람직한 방향, 해결하는 방법
ディベート型	賛否両論あるテーマでの立場選択　及びその根拠 / 찬반 양론이 있는 주제에서의 입장 선택과 근거, 이유

② 出題されやすいジャンル

　2014 年に改訂されて以降の 54 番のテーマは、「経済的余裕が幸福に与える影響（경제적 여유가 행복에 미치는 영향）」、「幸福な人生の意味（진정한 행복）」、「外的動機と内的動機が仕事に及ぼす影響（외적 동기와 내적 동기가 일에 미치는 영향）」、「現代社会に必要な人材の条件とそのための努力（현대 사회에 필요한 인재와 노력）」、「歴史を知らなくてはいけない理由（역사를 알아야 하는 이유）」、「賞賛が人々に与え

る影響 (칭찬이 사람에게 미치는 영향)」、「意思疎通の重要性と方法 (의사소통의 중요성과 방법) 個人的節約と社会的節約との意義、方法 (개인적 절약과 사회적 절약의 중요성과 방법)」、「芸術教育の必要性 (예술 교육의 필요성)」、「早期教育の賛否とその根拠 (조기 교육에 대한 찬반과 이유)」、「結果至上主義の問題点と改善法 (과정보다 결과를 중요시하는 가치관의 문제점과 해결법)」、「適切な自信を維持するために必要な姿勢 (적당한 자신감을 유지하기 위한 태도)」等、多岐にわたっています。

　「協働の必要性 (협동의 필요성)」「都市開発の肯定・否定的影響 (도시 개발의 영향)」「オンラインゲームの長短所 (온라인 게임의 장단점)」「心配する気持ちが生活に与える影響 (걱정이 삶에 미치는 영향)」、「子供のための早期経済教育の必要性と望ましい努力 (조기 경제 교육의 필요성과 바람직한 노력)」、「創造力の重要性 (창의력의 중요성)」、「真の休息の必要性と重要性 (진정한 휴식의 필요성과 중요성)」と続いています。最後の設問は望ましい解決法や努力を求められてることは共通していますが、必要性とその成果など 2022 年は設問の方向性として、書く内容が重複してしまいそうな傾向も見られましたので、書き方の工夫が必要です。また「真の休息」など奥行きのある内容も求められました。

　これらの問題から、教育問題や幸福感、職場やコミュニケーション、文化的な考え方等が多く問われていることがわかります。なお 2019 年は少し哲学的ともいえる主題が続いています。

　最近は比較的取り組みやすい主題が増えたものの、問題傾向は予告なしに変わるものですので油断大敵です。実際に 2019 年 4 月実施の第 63 回では「結果至上主義の問題点と改善法 (과정보다 결과를 중요시하는 가치관의 문제점과 해결법)」という抽象的テーマが出題されて平均点が 27 点台にまで沈みました。

　当然ですが読めないものは書けません。本来、作文は読解と同時進行で学習を進める必要があります。ニュースや新聞、評論文を日ごろからたくさん読んで語彙表現を増やしておかないと、問題文をきちんと理解することも難しいケースもあります。54 番では社会的なテーマが扱われることが多いことから、常に韓国社会で話題になっている問題について関心を巡らせておきましょう。特に上級学習者は言葉を単純に訳すだけでは対応できないことも増えてきますので、社会・文化的な関心や知識が必須となってきます。

　他にも教育関連問題、多文化 (国際結婚) 家庭増加による家族関係や形態の変化、IT 社会を反映した問題やネット社会関連の問題、科学技術進歩の功罪、環境問題等の単語や表現は常にチェックしておく必要があると思われます。いずれも社会をよりよい方向へと導く内容を考えるようにしておくといいでしょう。

よく TOPIK II 作文で使われる単語をジャンルごとに少しまとめますのでイメージを
つかんでください。いろんな文章を読んで、これは使いたい！と感じる表現をストック
する習慣をつけましょう。

幸福感、成功 행복감, 성공	만족, 성취감, 자신감, 꿈을 이루다, 능력을 발휘하다, 행복을 누리다, 삶의 과정을 즐기다, 사회적 평가, 명예, 성공을 추구하다	満足、達成感、自信、夢を成し遂げる能力を発揮する、幸福を味わう、人生の過程を楽しむ、社会的評価、名誉、成功を追求する
教育、学習 교육, 학습	학력, 정서, 능력, 재능, 잠재력, 경쟁, 적성, 노력을 기울이다, 목표를 달성하다, 최선을 다하다	学力、情緒、能力、才能、潜在能力、競争、適正、努力を傾ける、目標を達成する、最善を尽くす
インターネット、IT 社会 인터넷, IT사회	발전, 편리성, 과학의 발달, 개인 정보, 첨단기술, 익명성, 범죄, 인공지능	発展、便利さ、科学の発達、個人情報、先端技術、匿名性、犯罪、人工知能
職業、リーダーシップ 직업, 리더십	인재, 동기, 전문성, 결과, 과정, 보람, 성과, 경제적, 추진력, 실행으로 옮기다	人材、動機、専門性、結果、過程、やりがい、成果、経済的、推進力、実行に移す
コミュニケーション 의사소통	소통, 갈등, 의견, 경청, 교류, 차이, 가치관, 서로의 입장을 헤아리다, 배려, 풍요로운 사회	コミュニケーション、悩み、意見、傾聴、交流、差異、価値観、お互いの立場を思いやる、配慮、豊かな社会
環境、経済 환경, 경제	일회용품, 재활용, 친환경 소비, 공유, 기후 변화, 적응, 관광지/휴양지 개발, 경제적 이득, 에너지 고갈, 그린 에너지, 저탄소 친환경 에너지	使い捨て用品、リサイクル、エコ消費、（共有）シェア、（気候変化）気候変動、適応、観光地リゾート開発、経済的な利得、エネルギー枯渇、グリーン（再生可能）エネルギー、低炭素エコエネルギー

④ 書き言葉表現

　論理的な構成の文章に必要な　導入、本論、全体まとめ部分で使いやすい定番書き言葉表現を紹介します。

　慣れないうちは照れ臭いですが、これらの書き言葉表現で文章を凛々しくしていきましょう！

（1）序論の表現

　どんな風に書き始めたらいいか、迷ってしまいますが、一般論、現況、主題の定義など、いくつかのパターンがありますので、おさえておきましょう。

日本語	韓国語	パターン
一般的に現代人は…したがる	일반적으로 현대인들은 … 싶어 한다	一般的な内容
人々は普通…と考える	사람들은 보통 …다고 생각한다	一般的な内容
最近～となって…するようになった	최근 ～(으)면서 …게 되었다	現況
～とは…であることをいう	～(이)란 …(으)ㄴ/는 것을 말한다	主題の定義
したがってこの文章を通じて…について述べてみようと思う	따라서 이 글을 통해 …에 대해 이야기해 보고자/살펴보고자 한다	内容予告
私は…と考える …に賛成 / 反対の立場だ	나는 …다고 생각한다 …에 찬성/반대 입장이다	自分の意見、立場表明

（2）本論の表現

　ここからが本番です。設問で求められている内容で段落を構成していきます。

　設問ごとに結論文章1つと補足文章2～3つで作り込んでいきますが、その際の補

足の文章は結論文章を具体的に支えていく役割を果たします。具体的とは、読み手がその内容をイメージして納得しやすくするための工夫です。設問ごとの結論をどのパターンの文章で支えるのかまで考えましょう。

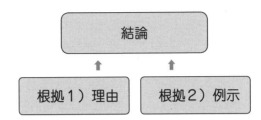

　根拠となる文章のパターンには、代表的なもので理由や因果関係、例示や言い換え等があります。

その理由は次の通りである なぜなら…だからである	그 이유는 다음과 같다 왜냐하면 …기 때문이다	理由
Nによって、その結果	N(으)로 인해, 그 결과	因果関係
例えば、具体的に言えば	예를 들어, 구체적으로 말하면	例示
つまり、言い換えるなら	즉, 다시 말해서	言い換え
それゆえ…しなくてはならないだろう …するために～する必要がある	그러므로 …아/어/해야 할 것이다 …기 위해서 ~ㄹ 필요가 있다	当為
第一に、第二に、第三に… まず、次に、最後に	첫째, 둘째, 셋째… 우선, 다음으로, 마지막으로	羅列
…は大きくN通りに分けることができる	…은/는 크게 N가지로 나눌 수 있다	分類
Nこそが	N이야말로	強調

① 本論での具体的根拠とは、読み手がその結論の内容をイメージして納得しやすくするために書く。

② 読み手と共有していない、身内の話など極端に個人的な経験を書くこととは違うので、混同しない。

（3）全体まとめ部分の表現

　全体の内容の要約と意見の提示には以下の表現が使えます。

上記で言及した内容を整理すると次のようになる …に対して〜という立場で探ってみた	위에서 언급한 내용을 정리하면 다음과 같다 …에 대해 ~다는 입장에서 살펴보았다	整理
〜することができるだろう 〜しなくてはならないだろう 〜することが必須だ 〜と考える	~(으)ㄹ 수 있을 것이다 ~아/어해야 할 것이다 ~(으)ㄴ 것이 필수적이다 ~고 생각한다	意見

　ここで紹介した表現はほんの一部ですので、公開されている過去問なども積極的に参照して使っていきましょう！

Ⅲ 例題解説

　ここでは、実際に出題された問題を見ながら 54 番を書くためのアイデア整理を練習していきます

　54 番問題には、大きく分けて、2 つのタイプがありますが、構成メモの作り方は同じです。ところで、分析タイプとディベートタイプの違いは覚えていますか？　少し思い出して見て下さいね！（83 ページに載っています）

① 分析タイプの問題

　では、4 章冒頭で紹介した過去問（第 52 回）の韓国語版を解説していきます。

　下記の文章を読んで設問 3 つに答えながら 600 ～ 700 字で作文します。

　우리는 살면서 서로의 생각이 달라 갈등을 겪는 경우가 많다. 이러한 갈등은 의사소통이 부족해서 생기는 경우가 대부분이다. 의사소통은 서로의 관계를 유지하고 발전시키는 데 중요한 요인이 된다. '의사소통의 중요성과 방법'에 대해 아래의 내용을 중심으로 자신의 생각을 쓰라.

　1) 의사소통은 왜 중요한가?

　2) 의사소통이 잘 이루어지지 않는 이유는 무엇인가?

　3) 의사소통을 원활하게 하는 방법은 무엇인가?

私たちは生活しながら、お互いの考えが違うことで悩みを持つことが多い。このような悩みは意思疎通が不足して起こるケースがほとんどである。意思疎通はお互いの関係を維持して発展させるのに重要な要因となる。「意思疎通の重要性と方法」について次の内容を中心にして自身の考えを述べよ。

　　設問1）意思疎通はなぜ重要なのか

　　設問2）意思疎通がうまくいかない理由は何なのか

　　設問3）意思疎通を円滑に行う方法は何なのか

みなさん、分析タイプを思い出せましたか？ 冷静に作り込んでいくタイプでしたね。

　この問題で求められているのは、'의사소통의 중요성과 방법'「意思疎通の重要性と方法」についてですね。ガイドになる設問3つに順に答えていけば、問題なく構成できます。

　　手順　① 設問部分の結論中心にメモを作る

　　　　　② 全体導入、まとめのメモを作る

（1）構成メモの作り方

　あくまでも自分用なので、単語のメモ書きでいいと思います。ご紹介するものは一例であって、形式も自由です。言葉も日本語でも韓国語でも、ご自分の作りやすいものから作りましょう。練習を重ねると早く作れるようになります。

　作るときに、問題本文から本論にヒントとして使えそうなところがないか探しておきます。

　最初は5分以内を目安に作ります。その時間はめいっぱい考えてください。慣れないうちは何も思いつかなかったら、ネット検索や模範解答を参照してもかまいません。問題をいくつかこなすうちにコツがつかめてきます。ただし、必ず一度は自分で考えて表を埋めてみましょう。

テーマ：意思疎通

設問	日本語	韓国語
1）重要性		
2）うまくいか ない理由		
3）円滑に行う 方法		

どうでしょう？書けましたか？　問題文からヒントをそのまま使うとこんなふうになりますね。

設問	日本語	韓国語
1）重要性	お互いの関係を維持して発展させるのに重要な要因となる	의사소통은 서로의 관계를 유지하고 발전시키는 데 중요한 요인이 된다
2）うまくいか ない理由	お互いの考えが違うこと	서로의 생각이 다르기 때문에
3）円滑に行う 方法	意思疎通が不足を補う積極的な努力が必要	의사소통 부족을 해소하는 노력이 필요하다

しかし、これらだけでは規定の文字数を満たすことができないので、それぞれの結論を補強するための根拠となる文章を考えていく必要があります。次は根拠2〜3つを考えて構成メモを埋めてみましょう。

1）重要性	結論	お互いの関係を維持して発展させるのに必要	
	根拠		

2) できない理由	結論	考え方の違いがあるから	
	根拠		
3) 対策	結論	意思疎通が不足を補う積極的な努力が必要	
	根拠		
導入			
全体まとめ			

　実際には、いろんな答えがあると思います。直接拝見できないのが残念ですが、ある程度のメモを作れた方は138ページの原稿用紙のコピーに一度書いてみてもいいでしょう。では、ここで公開されている模範解答をもとに構成メモを埋めてみます。

構成メモ：意思疎通

1) 重要性	結論	他者と仕事を進めるためには他者とのが円滑な人間関係が重要な要素となる	의사소통은 서로의 관계를 유지하고 발전시키는 데에 중요한 요인이 된다
	根拠	理由：円滑な人間関係のためには対話と意思疎通能力が重要	이유:원활한 인간관계를 위해서는 대화와 의사소통 능력이 중요하다
		因果：意思疎通が不足すると誤解から紛争も	인과:의사소통이 부족하면 오해로부터 분쟁으로

2)できない理由	結論	考え方の違いがあるから	서로의 생각이 다르기 때문에
	根拠	理由：人々はお互いに違う生活環境と経験を持っているから	이유：사람들은 서로 다른 생활 환경과 경험을 가지고 있기 때문에
		因果：これらの違いが新たな悩みを生む	인과：여러 차이가 새로운 갈등으로 이어지게 된다
3)対策	結論	積極的な努力が必要	의사소통 부족을 해소할 적극적인 노력이 필요하다
	根拠	例示1：相手を配慮する	예시1：상대방을 배려
		例示2：他人の話をよく聴く	예시2：타인의 의견을 잘 듣는다
		例示3：お互いの現状に目を向ける	예시3：서로의 현황 바라보기
導入		他者と仕事を進めるためには他者とのが円滑な人間関係が必要（一般論スタイルで設問1の結論を兼用）	다른 사람들과 함께 일하기 위해서는 그 사람들과의 원활한 인간 관계가 필요
全体まとめ		お互いの立場を考えようとする姿勢が偏見と誤解を解決することができる	서로의 입장을 이해하려는 자세가 편견과 오해를 해결할 수 있다

慣れないと難しいですが、この構成メモ＝アウトラインを作る制限時間は、最終的には合計7分以内を目標にしましょう。

（2）過去問模範解答

では、下記が公開されている第52回過去問模範解答です。段落番号を1〜3で示します。下線を引いた部分が設問1〜3の結論部分になります。

1　어떤 일을 다른 사람들과 함께 계획하고 추진하기 위해서는 그 사람들과의 원활한 인간관계가 필요하다. 다만 인간관계를 원활하게 하는 데에는 많은 대화가 요구되며, 이 과정에서 의사소통 능력이 중요한 역할을 한다.[설문1] 일

반적으로 의사소통은 타인과의 소통의 시작이어서 의사소통이 제대로 이루어지지 않는 경우 오해가 생기고 불신이 생기며 경우에 따라서는 분쟁으로까지 이어질 수 있게 된다.

2　그런데 이러한 의사소통이 항상 원활히 이루어시는 것은 아니나. <u>사람들은 서로 다른 생활환경과 경험을 가지고 있고, 이는 사고방식의 차이로 이어지게 된다.</u>[설문2] 이러한 차이들이 의사소통을 어렵게 함과 동시에 새로운 갈등을 야기하기도 한다.

3　따라서 <u>원활한 의사소통을 위한 적극적인 노력이 필요하다.</u>[설문3] 우선 상대를 배려하는 입장에서 말을 하는 자세가 필요하다. 나의 말이 상대를 불편하게 만드는 것은 아닌지 항상 생각하며 이야기하여야 한다. 다음으로 다른 사람의 말을 잘 듣는 자세가 필요하다. 마음을 열고 다른 사람의 이야기를 듣는 것은 상대를 이해하는 데 꼭 필요하기 때문이다. 마지막으로 서로의 입장에서 현상을 바라보는 자세가 필요하다. 이는 서로가 가질 수 있는 편견과 오해를 해결할 수 있는 역할을 하기 때문이다.

次に和訳して考察します。表現部分等も確認してください。

1 他の人と一緒に何らかの仕事を一緒に計画して推進していくためには、その人たちとの円滑な人間関係が必要だ。ただし<u>人間関係を円滑にするためにはたくさんの対話が要求され、この過程で意思疎通能力が重要な役割を果たす。</u>〔設問１：結論〕一般的に、意思疎通は他人とのコミュニケーションのスタートであるので、意思疎通がきちんとなされない場合誤解が生じて、場合によっては紛争にまでつながることもある。

2 しかしこのような意思疎通が常に円滑になされるわけではない。<u>人々はお互いに違う生活環境と経験を持っており、これは考え方の違いへとつながることになる。</u>〔設問２：結論〕このような違いが意思疎通を難しくすると同時に新しい悩みを引き起こしたりもする。

3 したがって円滑な意思疎通のための積極的な努力が必要だ。〔設問３：結論〕まず相手を配慮する立場で発言する姿勢が必要だ。自身の言葉が相手を不快にしていないか常に考えながら話さなくてはならない。次に他の人の言葉をよく聴く姿勢が必要だ。心を開いて他の人の話を聴くのは相手を理解するのに必ず必要だからだ。最後にお互いの立場で何が起こっているのかを見つめる姿勢が必要だ。これはお互いが持つ可能性のある偏見と誤解を解決する役割を果たすことができるからだ。

🔍 模範解答考察

　この模範解答は、導入部分と全体まとめ部分は最初と最後の段落に短く組み込まれて、全体が３段落の構成で書かれています。段落毎に設問に１つずつ答えて、逆接と順接の接続詞で連結しています。また、それぞれの段落の中では結論を因果や例示の文章で支えていることがわかります。

　この問題は、中級者向けに問題文も模範解答も非常にわかりやすい表現でまとめられていると考えられます。筆者もこの回は受験しましたが、54番が書きやすい時は53番が書きにくく作られていて難易度の調整はされているように感じました。

2 ディベートタイプの問題

　では、次のディベートタイプは自分の立場と根拠をしっかりと書いて下さいね！

（１）構成メモの作り方（第60回過去問）

　요즘은 아이가 학교에 들어가기 전 어릴 때부터 악기나 외국어 등 여러가지를 교육하는 경우가 많다. 이러한 조기 교육은 좋은 점도 있지만 문제점도 있다. 아래의 내용을 중심으로 '조기 교육의 장점과 문제점'에 대해 자신의 의견을 쓰라.

　問題文の意味は大丈夫ですね。単語レベルは初中級レベルです。次に和訳を載せます。

　　最近は子供が入学前の幼い時期から楽器や外国語などいろんな種類の教育をすることが多い。

　　このような早期教育はいい点もあるが問題点もある。下記の内容を中心に「早期教育の長所と問題点」について自分の意見を述べよ。

　　１）早期教育の長所は何か？

　　２）早期教育の問題点は何か？

　　３）早期教育に賛成するのか、反対するのか？根拠をあげて自分の意見を述べよ。

　54番の考え方として、まずは大きなテーマをしっかりとつかむ必要があります。次に何を書くべきか問題で求められている内容を冷静に読み取る必要があります。慌てずにしっかりと読みましょう。

　この問題の大きなテーマは「早期教育」です。そこに設問として「長所」を述べて次に「短所」を述べて、最後に「自分の賛否の立場とその根拠」を根拠の文章とともに、日本語と韓国語で考えてみましょう。

テーマ：早期教育

1) 長所	結論		
	根拠		

	根拠		
2) 短所	結論		
	根拠		
3) 立場と根拠	結論		
	根拠		
導入			
全体まとめ			

　いかがでしたか？「早期教育」という比較的どなたにもイメージしやすいテーマだったのである程度のメモ書きはできたのではないでしょうか。賛成でも反対でもどちらでも正解ですので、ご自身が具体例や根拠を挙げやすい方をチョイスしてくださってかまいません。書けそうな方は 138 ページの原稿用紙をコピーして書いてみましょう。

　では、下記が公開されている模範解答ですので、比較してみてください。

　第1段落は序論です。第2段落で設問1に、3段落で設問2に、4段落で設問3に答えていることがわかります。

（2）過去問模範解答

> 1 　요즘은 학교에 들어가지 않은 아이들에게 다양한 교육을 실시하는 경우가
> 　많다. 어릴 때부터 이루어지는 조기 교육은 좋은 점도 있지만 문제점도 있다.
> 2 　먼저 조기 교육의 <u>가장 큰 장점은 아이의 재능을 일찍 발견하고 아이가 가</u>

진 잠재력을 극대화할 수 있다는 점이다. 예를 들어 예체능계의 유명인 중에는 어릴 때부터 체계적인 교육을 받은 경우가 많다. 또 다른 조기 교육의 장점은 아이의 학업 경쟁력을 높일 수 있다는 점이다. 이 외에도 조기 교육에서의 다양한 경험은 아이의 세계관을 넓히는 데 노움이 된다.

③   그러나 조기 교육은 부모의 강요에 의해 이루어질 수 있다는 문제점이 있다. 이로 인해 아이는 스트레스를 받거나, 억압적인 학습 경험의 반발로 학업에 흥미를 느끼지 못할 수 있다. 또한 조기 교육이 과도하게 이루어질 경우, 아이들의 정서 발달에 부정적인 영향을 미칠 수 있다.

④   조기 교육의 장점에도 불구하고 위의 문제점을 고려하였을 때 조기 교육을 실시하는 것이 적절하지 않다고 생각한다. 진정한 교육이란 학습자의 자발성과 내적 동기를 전제로 이루어진다고 생각하기 때문이다. 아이는 발달 중에 있고 경험이 적기 때문에 자신이 무엇을 배우고 싶은지 명확히 인지하지 못할 가능성이 크다. 이는 아이의 동기보다 보호자의 바람이 조기 교육에 더 큰 영향을 미치게 되는 이유이기도 하다. 이러한 이유로 조기 교육을 실시하는 것에 반대한다.

和訳

① 最近は学校に入っていない子供達に多様な教育を実施することが多い。幼い時から行われる早期教育はいい点もあるが問題点もある。（導入）

② まず早期教育の最も大きい長所は子供の才能を早く発見して子供が持つ潜在能力を最大化できるという点だ。たとえば体育系芸能界の有名人の中には幼い時から体系的な教育を受けたケースが多い。また別の早期教育の長所は子供の学業競争力を高めることができるという点だ。そのほかにも、早期教育における多様な経験は子供の世界観を広げることに役に立つ。（長所、理由、例示）

③ しかし早期教育は親の強要によってなされるという問題点がある。これ

により子供はストレスを受けたり、抑圧的な学習経験の反発で学業に興味を持たなくなることもありうる。また早期教育が過度になされる場合、子供達の情緒の発達に否定的な影響を及ぼすこともある。（短所、因果、例示）

4 早期教育の長所にもかかわらず、上記問題点を考慮したとき早期教育を行うことは適切ではないと考える。真の教育とは学習者の自発性と内的動機を前提になされると考えるからだ。子供は発達の途中であり経験が少ないので自分が何を学びたいのか明確に認知できない可能性が高い。これは子供の動機より保護者の意向が早期教育により大きな影響を与えることになる理由でもある。このような理由で早期教育を実施することに反対する。（反対の立場表明、根拠）

模範解答考察

　下線を引きましたが、段落ごとに細かく見ていきますと、第一段落は問題文を引用して「早期教育」の問題点についてこれから述べていきますよという読み手への予告ともいうべき導入部分です。長所と短所の両面がある、ということをさらっと触れています。序文は、ついボリュームが増えすぎる傾向がありますがこの程度で充分です。第二段落では、「早期教育」の長所とその理由を多数の例示、段三段落でもその「短所」と因果や例示で段落を構成していて、最後の第四段落では反対の立場表明とその根拠を述べています。そして最後に自分は反対の立場であることを書いて端的にまとめています。

❖ 得点ポイント

　最後の第4段落では第2，3段落では述べていない表現（자발성, 내적 동기를 전제로 이루어지다, 명확히 인지하지 못할 가능성이 크다）で根拠が挙げられていることに注目してください。

すでに長所と短所の両方を述べているので、自分の立場選択の際にどちらの立場にしてもどこかで同じ内容を使わざるを得ないわけですが、作文内で全く同じ表現の繰り返しは、(マスを埋めていようとも) 評価しない、と評価基準に明示されています。この問題のように「何」を書くかが難しくない問題の場合は、6級を目指す方は中級者と差をつけるためにも、内容の言い換え表現をバリエーション豊かに用意しておく必要があることがわかります。TOPIKⅡ作文はあくまでも語学能力の試験であり、言語使用の配点は、構成点の倍以上用意されていることから、文脈に沿った高度な表現に挑戦する姿勢を高く評価する基準になっています。

✦ ✦ クイズ解答 ✦ ✦

p.20　가. 이 문제는 어렵지 (않는다 / 않다).
　　　　　　この問題は難しくない。(形容詞)

　　　나. 일방적인 사람은 다른 사람의 의견을 받아들이지 (않는다 / 않다).
　　　　　　一方的な人は他人の意見を受け入れない。(動詞)

　　　다. 나는 폭력적인 영화를 선호하지 (않는다 / 않다).
　　　　　　私は暴力的な映画を好まない。(動詞)

p.71　가. 사람마다 가치관이 (다르다 / 다른다).
　　　　　　人によって価値観が違う。

　　　나. (다른 / 다르는) 나라의 문화를 존중해야 할 것이다 .
　　　　　　違う国の文化を尊重しなくてはならないだろう。

　　　다. (필요한 / 필요하는) 것이 있으면 미리 준비해야 한다 .
　　　　　　必要なものがあれば、あらかじめ備えなくてはいけない。

　　　라. 문제 해결을 위해 충분한 토론이 (필요하다 / 필요한다).
　　　　　　問題解決のために十分な討論が必要だ。

 다르다 (異なる)、필요하다 (必要だ) は紛らわしいですが、形容詞として例文で覚えてしまいましょう。また、連体形 -는 は動詞現在形にのみ付きます。

IV 練習問題

　皆さん、原稿用紙の準備は OK ですか？　시작이 반이다！「習うより慣れろ」の精神
で出発です！！

　次の練習問題では原稿用紙（138 ページ）をコピーしてから、実際に構成メモを作り、
作文をしてもらいます。もちろん、今書ける内容でケンチャナヨ！　また、レベル別にサン
プル答案 2 つとアドバイスを呈示しますので、ご自身の書いたものと比較してください。

　ではさっそく、練習問題です。ぜひ時間を計って、原稿用紙に書いてみてくださいね。
6 級を目指す方は見直しまで含めて、本番では 25 ～ 30 分で書かないと間に合いません。

 構成メモ 5 ～ 7 分、作文そのものに 15 分、見直しに 2 ～ 3 分取れるように練
習を重ねましょう。

　다음을 주제로 하여 자신의 생각을 600~700자로 글을 쓰시오. 단, 문제를 그대로
옮겨 쓰지 마시오.

　　인터넷 기술의 발달로 다양한 형태의 소셜 미디어가 등장했다. 개인 블로그,
페이스북 등을 활용하여 수많은 사람들이 의견을 공유하고 정보를 나누는 등 정
보 공유의 장점이 있다는 의견이 있다. 반면, 사생활 침해가 커서 예상치 않은 범
죄로 이어지는 등의 문제점도 나타나고 있다. 소셜미디어에 대한 자신의 입장에
대해서 아래의 내용을 중심으로 글을 쓰라.
　　- 소셜미디어가 사회에 미치는 영향은 무엇인가?
　　- 소셜미디어의 영향에 대한 자신의 입장은 무엇인가?

まず、問題の意味を日本語で確認してみましょう。

> インターネット技術の発達で多様な形態のソーシャルメディアが登場した。個人ブログ、フェイスブック等を使用して、たくさんの人々が意見を共有して情報をシェアするなど情報が共有できる長所があるという意見がある。反面、プライバシー侵害が大きくなって予想しなかった犯罪につながるなど問題点も現れている。ソーシャルメディアに対する自分の立場について下記の内容を中心に文章を書きなさい。
> ・ソーシャルメディアが社会に与えた影響は何か？
> ・ソーシャルメディアの影響に対する自分の立場は何か？

では、質問です。この問題のタイプは？求められている結論は？

そうですね。この問題で書かなくてはいけない結論は、ソーシャルメディアが社会に与えた「影響」と自分の「立場」です。これは分析とディベートミックスタイプの問題です。構成メモを7分で埋めてみましょう。メモができたら<u>15分を目安に</u>原稿用紙に作文しましょう。時間オーバーした部分は別の色ペンで書きましょう。

構成メモ：ソーシャルメディア

影響	結論		
	根拠		
立場	結論		
	根拠		

導入	
全体まとめ	

　いかがでしたか？　ある程度書けましたか？　では、ここでは本番と同じ時間制限で3〜4級レベルの方が54番に挑戦した作文を再現してみます（綴り等の細かいミスは修正して、内容も補足しています）。こちらはハードルの高い54番に果敢に挑んでいったナイスファイトを感じる答案です。これからポイントを押さえてがんばってね！と応援したくなる文章です。

（1）ケース1

> 　인터넷 기술의 발달로 다양한 소셜 미디어가 등장했다. 개인 블로그, 페이스북 등을 활용하여 많은 사람들이 의견을 공유하거나 나누는 등 장점이 있지만 범죄로 이어지는 등의 문제점이 있다는 반대 의견도 있다.
>
> 　소셜 미디어가 사회에 주는 영향은 많다. 예를 들어, 모르는 사람하고 간단하게 연락을 할 수 있기 때문에 특히 젊은 사람에게 중독이나 사기 등(의 피해를 줄 수 있다). 그리고 소셜 미디어에 대한 입장은 좋은 점만 이용하는 것이 중요하다. (175)

和訳

> 　インターネット技術の発展により多様なソーシャルメディアが登場した。個人ブログ、Facebook等を活用してたくさんの人々が意見を共有したり交換するなどの長所もあるが犯罪へとつながる問題点もあるという反対意見もある。
>
> 　ソーシャルメディアが社会に与える影響は多い。例えば、知らない人と簡単に連絡をすることができるので特に若者に中毒や詐欺等（の被害を与えることがある）。そしてソーシャルメディアに対する立場は、いい点だけを利用することが重要だ。

評価ポイント ☀

　文字数は足りないものの段落を3つに分けて設問に全部答えようとしているところが評価できます。また、問題本文にない表現（中毒、詐欺　等）も使って具体的に答えようとしている部分も好印象です。あとは具体的な根拠の文章を増やして段落を更に作りこんでいくといいですね。

惜しい部分 ☁

　初級レベルの方に多いのですが、文章に述語をつけずに終わらせてしまうことです。論理的な書き言葉の文章では、文章を名詞や補助名詞（〜等）で止めないように気を付けましょう。

　それと第3段落目のご自分の立場選択ですが、反対なら反対ともう少しはっきりと押し出す必要があります。あいまいに書くと、結論が書かれていないと厳しく判断される可能性もありますので非常にもったいないです。

　また文字数が大きく不足していますが、これは設問2「影響」の部分にSNSのマイナス面だけを書いたからだと考えられます。問題文を引用してプラス面にも触れてから、ご自身の立場である「反対」の立場としてマイナス面の具体面を挙げていくと、文字数を増やすことができますので少し補足してみます。

影響	結論	影響はプラスとマイナスがある	長所と短所が共にある
	根拠	プラス面例示：連絡を取ることが非常に容易になった	連絡をとても容易にできるようになった
		マイナス面例示：知らない人と簡単に連絡が取れる、プライバシー侵害や、特に若者に依存症を引き起こしたり詐欺に遭う等の被害	よく知らない人と容易に連絡できる 私生活の侵害が激しい 若い人が中毒になる 詐欺危険性

立場	結論	SNSの使用には賛成できない、反対だ	사용에 찬성 못한다, 반대한다
	根拠	理由：使用のコントロールが難しいから	적절하게 사용하기가 어렵기 때문에
		対策：問題が起こったらネットから離れることも必要	문제가 생기면 인터넷에서 거리를 두는 것도 필요하다
導入		最近インターネット技術の発達で多様な形態のSNSが登場した	요즘 인터넷 기술 발달로 다양한 형태의 SNS가 등장했다
全体まとめ		SNSは便利だが、危険性が大きい 特に子どもは使う際に周囲の管理が必要だ	SNS는 편리하지만 위험성이 크다 특히 어린 아이는 주위 어른들의 관리가 필요하다

 添削例 和訳は 106 ページ

　인터넷 기술의 발달로 다양한 소셜 미디어가 등장했다. 개인 블로그, 페이스북 등을 활용하여 많은 사람들이 의견을 공유할 수 있다는 장점이 있지만 범죄로 이어지는 단점도 있다.

　소셜 미디어가 사회에 주는 영향은 많다. 소셜 미디어의 장점은 쉽게 연락을 할 수 있다는 점이다. 그러나 소셜 미디어에는 사생활 침해 등 단점도 있다. 예를 들어, 모르는 사람하고 간단하게 연락을 할 수 있기 때문에 사생활 침해가 있다. 특히 젊은 사람에게는 중독이나 사기 등 범죄로 이어지기도 한다.

　그래서 소셜 미디어에 대해서 나는 반대한다. 이유는 소셜 미디어는 적당하게 사용하기가 어렵기 때문이다. 소셜 미디어는 편리하지만 문제가 생기면 인터넷에서 적절한 거리를 둘 필요가 있다고 생각한다.

이렇게 소셜 미디어는 편리하지만 위험성도 크다. 특히 어린 아이가 사용할 때는 주위 어른들이 관리해야 할 것이다. (329)

下線を引いた部分が、設問で求められている結論部分です。この部分だけでも明確に書くことを心がけましょう。文字数は少ないですが、3〜4級レベルの方はこれくらいの内容のものを書くことからスタートしましょう。

（2）ケース2

では次に、同じ問題で500字前後しか書けない方の答案サンプルをご紹介します。4〜5級レベルの方に多いケースです。（軽微なミスは修正してあります。）

개인적인 ←　　　밝혀진다고 본다 ←

인터넷 기술의 발달로 개인 블로그, 페이스북 등 다양한 형태의 소셜 미디어가 있고 소셜 미디어를 사용해서 수많은 사람들이 의견이나 정보를 공유할 수 있지만 사생활 침해가 크기 때문에 예상치 않은 범죄로 이어지고 있다. 이 글을 통해 소셜 미디어에 대한 내 의견을 살펴보고자 한다.

우선 소셜 미디어가 사회에 어떤 영향을 미치는지 생각하면 사생활이 밝혀진다고 한다. 자주 어디로 가는지, 어떤 학원에서 공부하는지 밝혀지면 이름을 쓰지 않아도 쉽게 누구인지 알게 될 수도 있다. 이것은 범죄를 일으킬 가능성이 있기 때문에 위험하다.

하지만 여러 가지 이유로 직접 만나지 못하는 친구들과 소셜 미디어로 연락할 수 있다. 그리고 뭔가를 열심히 공부하는 경우 직접 못 만나도 소셜 미디어를 통해 힘을 주는 사람이 있으면 기뻐진다.

개인 정보가 밝혀지지 않도록 조심해서 적극적으로 소셜 미디어를 사용하는 것이 좋다고 생각한다.

→ 무엇인가를

和訳 （一部意訳しています）

1　インターネット技術の発達で個人ブログ、Facebook 等多様な形態のソーシャルメディアがありソーシャルメディアを使用して多くの人々が意見や情報を共有することもできるがプライバシー侵害も大きいので予想もしなかった犯罪にもつながっている。この文章を通じてソーシャル

メディアに対する私の意見を探ってみようと思う。

2　まず、ソーシャルメディアが社会にどんな影響を与えるのかを考えると、プライバシーが明かされることだという。よく行く場所やどんな教室で勉強するのかがわかれば、名前を書かなくても誰なのかたやすくわかってしまうこともある。これは犯罪を起こす可能性もあるので危険なことだ。

3　しかし様々な理由で直接会えない友人とソーシャルメディアで連絡をすることができる。そして何かを熱心に勉強する場合、直接会えなくてもソーシャルメディアを通して励ましてくれる人がいるなら、うれしくなる。

4　個人情報を明かさないように気をつけて積極的にソーシャルメディアを使うことが良いと考える。

添削アドバイス

評価ポイント ☼

　この方は、第２〜３段落で設問１のSNSが社会に与えた影響のプラス面とマイナス面を両方述べています。根拠も読み手がイメージしやすい具体的な例示をご自身で考えて挙げている点がとても好印象です。文字数もあと100文字くらいで、600字を超えますので、設問２でのご自身の賛成の立場の根拠についても、もう少し長く書けると、６級の合格点に届きそうです。あと少し！とても応援したくなる作文です。

惜しい部分 ☁

　構造的に第一段落の導入部分が長くなってしまっていることが、全体バランスとして惜しいところです。導入部分を整理して設問２（自分の選択した立場の根拠）についての記述部分をもう少し詳しく書くとよくなります。

　では、とてもよい文章ですが書き言葉テクニック使用と根拠となる具体例を長めに補足して構成メモを作ってみましょう。

影響	結論	短所もあるが長所もある	단점도 있지만 장점도 있다
	根拠	短所例示：個人情報流出によるサイバー暴力の被害者になりうる	단점 예시 : 사생활이 밝혀져 사이버 폭력의 피해자가 될 수도 있다
		長所例示：直接会えない人と交流が可能であり友人になることもできる	장점 예시 : 직접 만나지 못하는 사람들과 소통이 가능
立場	結論	個人情報流出可能性に気をつけるなら使用に賛成だ	개인 정보 유출 가능성에 조심하면 사용에 찬성
	根拠	理由：温かい心の交流に使うことができるから	이유 : 마음이 따뜻해지는 소통이 가능
		例示1：コロナ禍等で直接会えない友人と連絡が取れる	예시 : 코로나 사태 등 직접 못 만나는 친구와 연락이 가능
		例示2：試験を受ける際, 誰かの励ましが力になる	예시 : 시험을 볼 때 누군가의 응원이 힘을 준다
導入		SNSの長短所と立場について述べて、内容を予告	소셜미디어 영향과 입장에 대한 내용 예고
全体まとめ		犯罪に巻き込まれる危険性に注意することは必要だが積極的にSNSを使用するのが好ましい	범죄로 이어지는 위험성에 주의가 필요하지만 SNS를 적극적으로 사용하는 것이 좋다

 添削例　和訳は 110 ページ

　최근 인터넷 기술의 발달로 인해 각양각색의 소셜 미디어가 생겼다. 소셜 미디어에는 장점과 단점이 있는데 이 글을 통해 소셜 미디어에 대한 나의 입장을 밝혀보고자 한다.

　먼저 소셜 미디어가 사회에 준 영향으로 사생활이 밝혀진다는 문제점이 있다. 예를 들어, 어떤 사람이 어떤 카페에서 식사하는지, 어떤 학원에서 공부하는지가 밝혀지면 이름을 쓰지 않아도 누구인지 쉽게 신분이 노출될 수 있다. 이로 인해 사이버 폭력의 피해자가 될지도 모른다. 하지만 직접 못 만난 사람과 인터넷 상에서 교류가 가능하며 친구가 될 수도 있다는 장점이 있다.

따라서 소셜 미디어에는 장단점이 있지만 나는 개인 정보 유출에 조심하면서 사용한다면 소셜 미디어 사용에 찬성하는 입장이다. 그 이유는 소셜 미디어를 통해서 마음이 따뜻해지는 소통이 이루어질 수 있기 때문이다. 예를 들어, 소셜 미디어를 통해서 코로나 사태 등과 같이 친구를 직접 못 만나는 경우에 친구와 연락이 가능하다. 또한 한국어능력시험을 준비하는 모습을 페이스북에 올렸을 때 지인이나 다른 사람이 응원 메시지를 보내 준 덕분에 힘이 날 수도 있다. 그리고 블로그를 통해서 영화 동호회를 시작하여 새롭게 인간 관계나 취미를 넓힐 경우도 있으므로 유용하다고 본다.

그러므로 위에서 언급한 바를 정리하면 소셜 미디어는 범죄로 이어질 수 있는 위험성에 주의를 하면서 적극적으로 사용하는 것이 좋다고 생각한다. (695)

① 導入部分は、あくまでも補足なので簡潔にまとめる。書きたいことは本論で書く。

② 全体まとめ部分は、本論の要約と意見表明にとどめる。

③ また54番は自分の意見を書くが、その際の語尾は婉曲的な語尾も取り混ぜて使う。上級者はストレートな表現以外にも、独善的にならないニュアンスのある表現も要求される。

皆さん、ついに54番の解き方解説、例題、練習問題、と本当にお疲れさまでした！！

ここまで到達されてみて、いかがだったでしょうか。

やたらに高い山に見えた54番も、なぁんだ、そういうことなんだったら書けるかも、いや書けそうと思っていただけたのではないでしょうか。(^^)

TOPIKⅡ作文の中でも、特にこの54番で苦しんでいる方は多く、筆者のTOPIKⅡ作文対策講座ではその指導を中心に行ってきました。

だからこそ、54番で苦しんでいるのは、貴方だけではないという気持ちでこの4章を書きました。

TOPIK II は、中級から上級までが同じ試験問題に挑むという特徴があります。うちの講座を受講してくださった皆さんのことを思い出しても、54 番に初めて挑む方、挑んでみたけど何を書いていいかわからない方、文字数はクリアしたけど点数の伸びない方…本当にいろんな方がいらっしゃいましたので、この本を手にとってくださった方も同様かと思われます。

TOPIK は問題も解答も一部しか公開されないので、指導の際の問題傾向研究と筆者自身のブラッシュアップも兼ねて受験を続けています。筆者自身も、講師なのに作文の点数が伸び悩んだ時期があるので、皆さんの悩みは人ごとではありません。せっかく受験料を払ったのであれば、少しでも前回より点数アップしたいのが人情というものです。本書でコツをつかんで、たくさん練習して下さいね。

次の第 5 章では、実際に講座に寄せられた受講生さんたちからのお悩みにお答えした内容を整理してお届けします。ここだけ読んでもらっても充分お得な内容になっていますので、原稿用紙のマス目に疲れたら、お茶でも飲みながら第 5 章のお悩み攻略法を読んでくださいね。

ここまで来たからには、最後まで一緒にファイティン！！

添削例和訳　（一部意訳しています）

1　最近インターネット技術の発達により多種多様なソーシャルメディアが生まれた。ソーシャルメディアには長所と短所があるが、この文章を通じてソーシャルメディアに対する私の意見を明らかにしようと考える。

2　まず、ソーシャルメディアが社会に与えた影響として私生活が明らかになるという問題点がある。例えば、ある人が食事をするカフェや勉強している教室が明らかになると名前を書かなくても容易に個人がつきとめられることもある。これによりサイバー暴力の被害者になるかもしれない。しかし直接会えない人とインターネット上で交流が可能であり友人になることもあるという長所がある。

3　したがってソーシャルメディアには長短所があるが、私は個人情報流出に気を

つけながら使用するのであれば賛成の立場だ。その理由はソーシャルメディアを通じて心が温かくなるコミュニケーションがなされることがあるからだ。例えば、ソーシャルメディアを通じてコロナ禍等で直接友人に会えない場合、友人と連絡を取ることができる。また韓国語能力試験の準備をする様子をFacebookに上げたところ知人や他の人が励ましのメッセージを送ってくれたおかげで元気になることもある。そしてブログを通じて映画同好会を始めて新しく人間関係や趣味を広げる場合もあるため有用であると考える。

4　したがって上記で述べた内容を整理すると、ソーシャルメディアは犯罪につながることもありうる危険性に注意をしながら積極的に使用するのがよいと考える。

第5章

そこのキミ
心当たりが
あるのでは

54番パターン別お悩み攻略法

▶相談者◀
大原ゾウさん (仮名)

Q1. 時間が足りません。

A. はい、ゾウさん、これは初心者が必ず通る道です。試験当日は制限時間の 50 分以内に書けたものがすべてです。

　試験はスポーツでいうと、試合です。普段の練習の成果を最大限発揮するためには戦略と、集中力及び体力も必要です。つまり、時間配分戦略が勝敗を分けると言っても過言ではありません。

　なお、問題にかける時間の目安は下記ですが<u>得点になりやすい問題から取りかかる</u>ことをお勧めします。

順番	3－4級	5－6級
1	53番 → 25分	53番 → 15分
2	51-52番 → 15分	54番 → 25分
3	54番 → 5分	51-52番 →5分
4	見直し → 5分	見直し → 5分

 問題が空欄補充から作られているからといって、その順番で解く必要はまったくありません。好きにしていいんですよ。

❖ 上級者向けアドバイス

　51～52番で15分以上掛けているようでは、問題作成者の罠にはまっているといえます。いくらでも考えられるわりに配点は 20 点と低いのです。割り切りも大切です。上級を目指す方は 53 と 54 を書いた残りの時間で充分書けるはずですね。

配点 30 点の 53 番も書き始めて 20 分以上経ってしまったら、途中でも 54 番の構成メモを作る必要があります。54 番は配点が 50 点ですが、テーマによっては書きにくく、点数が見込めそうにない場合もあります。その際は 53 番を丁寧に仕上げるべきか 54 番にも時間を割くべきか判断してください。

　繰り返しになりますが、日本語でも長文を手書きする機会は減る一方です。ましてや不慣れなハングルをペンで原稿用紙に手書きするというアナログ行為を甘く見てはいけません。

　ハングルには漢字ほど画数の多い文字はないものの、よく似た形の母音やパッチムが多数存在します。特別美しい字である必要はありませんが、採点者が文字を判別できないとミススペル判定をされることもあります。

　特に 54 番については、模範解答をペン書きで原稿用紙に書き写すのに、自分がどれだけ時間を掛けているのか、一度タイムを計ってみることをお勧めします。

　本番ではきちんと構成を考えて、指が痛くなるくらいのスピードで書かないと、間に合いませんよ。

　練習問題に取り組むときも、徐々にタイムを縮めていくという形で書くといいでしょう。

Q2. 時々、何を書いたらいいのか
　　　見当のつかない問題があります。

A. クマさん、よくわかります。ここ数年の問題傾向は54番のお題が中級者でも内容をイメージしやすい問題に変化しつつあるような印象ですね。（意思疎通、賞賛、芸術教育、早期教育等）しかし試験ですので、一定のスパンでいわゆる難問形に当たることもあります。具体的には「節約の意義」や「結果至上主義の価値観の問題点」という問題など、単語のレベルが高度で抽象度の高いテーマを扱う問題です。何の話だかピンとこないんですよね。

難問形の考え方

　問題文に出ている単語の意味がわからないというのはお話になりませんので、まずは単語力の強化が必須ですが、これは語学能力の試験です。いつまでも「何を」書くかで悩んでいる場合ではありません。

　用意された正解を選べばいい問題より難しいわけですが、社会的なテーマについて論じる際には、なるべく社会が幸福な方向へ向かうべく考えるほうが望ましいでしょう。

　ここで確認したいのですが、そもそも社会ってなんでしょう？

　社会って、何の集まりでしょうか。そうです。個人ですね。したがって「社会の幸せ」のために必要なものは、「個人の幸せ」です。そして「個人の幸せ」というものは、ひとそれぞれ違って正解はありません。

　また、あまりに利己主義な幸せは社会的な幸せに直結しません。ごくごくスタンダードな建前の意見でいいので個人と社会の幸せの

バランスの取れそうな部分を考えておきましょう。

付け加えますと、実践が伴っていない理想論をさも実践しているように作文に書いても、採点者には確かめようもありませんので気にせず書きましょう。まずは、下記のような問題について書けるように、常に韓国語でアイデアを準備しておきましょう。

① 分析タイプ

テーマ	重要性、必要性	役割	影響	問題を解決する方法
読書				
やりがいのある仕事				
ボランティア				
スマートフォン				

② ディベートタイプ

	賛成	反対
選挙年齢の引き下げ		
原子力発電所の建設		
クローン人間		

視点を整理すると書ける

54番で設問が2つ以下で、自分で考えて書く部分が多い場合、具体的根拠が思いつかずに構成メモをうまく作れないこともあります。その際にヒントになるのが、視点の整理です。

切り口を「個人」と「社会」という単位の視点、「過去」や「未来」という時間軸の視点、「便利」と「不便」等、対立する価値観の軸で考えていくと書く内容を2パターン考えられるのでお得です。

例：環境問題を解決する方法；환경문제를 해결하는 방법

| 個人：개인 | 買い物に行くときにエコバッグを使うようにする | 평소에 장바구니를 사용하도록 한다 |
| 社会：사회 | エコ素材を使う企業を政府が評価する | 친환경 소재를 쓰는 기업을 정부가 평가한다 |

社会的なテーマは関連し合っている

　これらの視点を踏まえ、(あくまでも一例ですが)改訂後のお題を簡単に図で関連させてみますと下記のようになると考えられます。

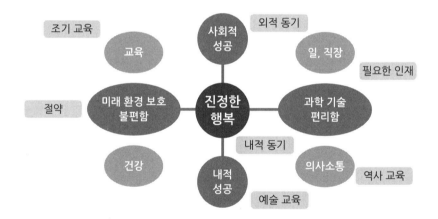

　一見、なんの関連もなく、どこから問題が飛んでくるか見当のつかない問題のように感じる54番のお題ではありますが、図の真ん中にある「個人の真の幸福」について整理しておき、「教育」「環境保護」「心身の健康」「コミュニケーション」「職業」等の具体例を考えておけば、ほかのお題にもある程度対応できることがわかります。例えば環境と心身の健康が直結していると考えると、決して難しい話ではありません。誤解を恐れずにいうと、「何も思いつかない」ということは、その問題について「自分には関係がないので何も考

えたことがない」と同義語になります。日本語と韓国語の両方で読める東亜日報等の新聞サイトもあります。毎日少しずつ読むことが、実は早道です。

アウトプットする前提でニュースを見る

　お勧めなのは、ニュースを見るときに「これは、なんのジャンルのニュースかな？」という意識を持つことです。すると、自分で予想問題を作れるようになるんですね。

　もし TOPIK を受験される方が周囲にいたら、次の 54 番のお題をみんなで予想すると楽しいです。ゲーム感覚で楽しみましょう。作文で出題されなくても、読解など他で出題されることもありますので TOPIK のタイムリーな出題を満喫いたしましょう。＾＾

Q3. 文字数が足りません。

▶相談者◀
六甲トラさん（仮名）

A. トラさん、焦る気持ちはわかります。TOPIK Ⅱ作文はいたずらに文字数にこだわらずに、しっかりと段落を作って結論と根拠をきちんと書くことが基本ですが、文字数を増やして語尾や表現を凛々しい書き言葉の印象にするためのテクニックをご紹介します。

漢字語を多めに使う

54番作文は社会的な内容の小論文のため、特に上級を目指す方は知的に見せる、つまり「文章の格」を上げるための4章で紹介した文末表現や漢字語は積極的に入れていきましょう。

例：ソーシャルメディアの使用；소셜 미디어 사용

요즘 소셜 미디어를 쓰는 사람이 많다 (20)
最近ソーシャルメディアを使う人が多い。
　　　↓
현대 사회에서는 소셜 미디어를 사용하는 인구가 증가하고 있다 (32)
現代社会ではソーシャルメディアを使用する人口が増加している。

具体例を詳しく作る

基本的には設問ごとの結論を述べた後、その理由と具体的な例示を一つだけ挙げて、それを掘り下げて書くという方法もあります。こうするとあまり脱線することもありません。身近な内容の具体例を詳しく作りこむことで、少ないアイデアでも文字数が稼げて説得力が増すメリットもあります。

例：環境問題を解決する方法；환경문제를 해결하는 방법

・평소에 장바구니를 사용하도록 한다. (17)

普段からエコバッグを使うようにする。

↓

환경을 고려하여 비닐 봉지를 쓰지 않도록 평소에 환경 보호용 장바구니를 들고 다니도록 한다. (50)

環境を考慮してビニールを使わないように普段からエコバッグを持ち歩くようにする。

・친환경 소재를 쓰는 기업을 정부가 평가한다. (23)

エコ素材を使う企業を政府が評価する。

↓

A : 기업이 친환경 소재를 얼마나 사용하는지에 따라 정부가 평가하고 지원을 하는 제도를 마련한다. (51)

企業がエコ素材をどれだけ使用したかによって政府が評価して支援する制度を作る。

B : 예를 들어, 인기 많은 커피숍이 가게에서 손님들에게 제공하는 플라스틱 빨대를 친환경 소재로 바꾸었다면 정부가 이를 평가해서 지원금이나 세금 혜택을 주도록 한다. (88)

例えば、人気のあるコーヒーショップが店で客に提供するプラスティックストローをエコ素材に替えたなら政府がこれを評価して支援金や税金の恩恵を与えるようにする。

● 草野ウサギさん（仮名）のケース

理由がよくわからない

はい、ウサギさん、原稿用紙を埋めたのはすごいことです。しかし残念なことにウサギさんの作文を拝見するとスペルミスの見落としと重複表現が多く見られます。おそらく試験の緊張感によるものだと思われますが、特に問題文の中に出てきている単語を引用しているのにスペルミスをしているケースが非常に多く、もったいなくて涙が出そうです。

せっかくもらった部分点をスペルミスによる減点で帳消しにされないように細心の注意を払う必要があります。また、まったく同じ表現で内容を繰り返して原稿用紙のマスをうめても採点対象になりませんので少しでも表現を工夫して変化をつけて、必ず提出する前に見直しする時間を取りましょう。これだけで5点以上アップするケースもあります。

全体を見直すチェックタイムを2〜3分は確保できるよう早く書く練習もしましょう！

構成は問題ないんですけど…

　そうですね。イルカさんのケースは、どちらかというと作文が上手な方に見られます。

　たしかに、一見、問題本文と関連する内容で600字に届いていて、それなりに漢字語も使えていて文法ミスも少ない。でも6級合格ラインの60点台に乗らない方は、実は目立たない内容脱線を起こしているケースがあります。重複表現と同様に、設問と関係ない内容は採点対象外なのです。これは指導側の読み手に、この隠れ脱線を見抜く読解力が必要になるケースです。書いた作文をネイティブスピーカーの方にチェックしてもらうことは大切ですが、TOPIK作文指導の知識のない方の場合はこの内容のズレを見抜けないこともあります。上級を目指す方はきちんとした専門知識を持った講師にチェックをしてもらうほうがいいでしょう。そこに気づくだけでも、目標級はグッと近づきます。

❸ 森田キツネさん（仮名）のケース

理由がよくわからない

はい、キツネさんの作文の文面は身に覚えがあります。

TOPIK で公開されている模範解答には、一見、あまり難しい表現は使われていないように感じるものもありますが、<u>上級を目指す受験者は積極的に読解で覚えた難しい表現を入れ込んで攻めていくのが上策です</u>。なぜなら、公開されている模範解答は、当然ノーミスですが、試験当日に学習者が書く作文がノーミスであることは不可能と考えるほうが自然だからです。不可避なミスによる減点を豊かな語彙使用を習慣づけることで事前にカバーしていきましょう。

かくいう筆者（吉川）も実はシンプルな文章表現が好きなので、なかなか書き言葉表現を使いこなせずに作文の点数が 50 点台から伸び悩んだ時期がありましたが、意識して漢字語やことわざ、慣用句を投入することで、ここ数年はコンスタントに 75 点以上が出せるようになりました。<u>特にお勧めなのは、四字熟語です</u>。

具体的には 유비무환 , 상부상조 , 일석이조 等、別段難しいものでなくていいので、文脈に合わせてぜひ使ってみてくださいね。

とはいえ、これはあくまでも脱線しない程度のスパイスです。

最低限の労力と点数で合格したい方には不要かもしれませんが、意欲のある方はぜひお試しください。

韓国語		意味
유비무환	有備無患	備えあれば憂いなし
상부상조	相扶相助	相互扶助
일석이조	一石二鳥	一石二鳥

124

TOPIK作文あるある～頻出ミス集～

① 記号の記入

　TOPIK Ⅱ作文では、原稿用紙を使いますので、原稿用紙の使い方について気を付ける方は多いです。しかし、通信講座で受講生さんに時間制限を課して本番同様の状況で手書きした作文を実際に拝見すると、意外と目につくのが<u>カンマ（，）とピリオド（．）の区別がつかないものが多い</u>ということです。制限時間内で焦るのはわかります。特別美しい文字でなくてもいいと思いますが、読み手（採点者）が好意的に解釈してくれるだろうと考えるのは甘いです。<u>表記があいまいな記述は、容赦なく減点されると考えておきましょう。</u>

② 話し言葉で使われる縮約の使用

　TOPIK Ⅱ作文は、あくまでも作文能力を採点していますので、意味としては間違っていなくても、<u>書き言葉としては不適切な言葉は減点対象になってしまいます。</u>少し気取った印象の言葉になりますが、ここでは点数を落とさないためにも、下記にまとめた言葉を作文中に使う場合は、特に意識して書き言葉を使うようにしましょう。

縮約形、口語	書き言葉	意味
뭐	무엇	何
이런 게	이러한 것이	このようなものが

그러니까	그러므로, 따라서	順接の接続
완전	매우	強調
제일	가장	最上級

③ 無生物主語の受け身、主述のねじれ

さっそく、例文を作ってみましょう。

「時代が変わる」この文章を韓国語にするとき、どう訳しますか？

急いでいると시대가 바꾸다とやりたくなりますよね。でも正解は시대가 바뀌다と<u>動詞が受身表現</u>になります。ここでは「時代が変えられる」が直訳になります。なぜなら、主語「時代」そのものは生物ではないので、自分の意思で変えることはできないからです。実際に時代を変えることができるのは意思を持った「人々」ですが、日本語では文中には出てこないうえに自動詞で表現します。

つまり、<u>生命や意思を持たない、無生物が主語に来た場合、動詞が受身の文章で作文しないと、韓国語では主述がねじれたおかしな文章になってしまう</u>のです。よって、「時代」や「常識」などが変わった旨を書きたい際は動詞に注意してください。

なお、同様な受身を「漢字語＋되다」で表現することもあります。

次の文章を韓国語で書いてみましょう。

　① 意識が<u>向上</u>する　→

　② 制度が<u>崩壊</u>する　→

　③ 状況が<u>悪化</u>する　→

　④ 規則が<u>改善</u>する　→

いかがでしょう？書けましたか？

これらは、筆者も含めて日本語ネイティブスピーカーが逃れられない思考方式、クセなのです。だからこそ、<u>作文の際は書いた後に意識して見直す習慣をつけていきま</u>

しょう!

（答）　① 향상되다　　② 붕괴되다　　③ 악화되다　　④ 개선되다

4 日本語と韓国語が似ているがために混同しやすい表現

（1）「〜のために」

　日本語では「目的」と「理由」を同じく「〜のために」と表記するのですが、韓国語では使い分けがあります。落ち着いて考えればわかると思いますが、ここで練習しておきましょう。

目的　犯罪を防ぐためにCCTVを設置する
→ 범죄를 막기 위하여 CCTV를 설치한다.

理由　犯罪が多いためにCCTVを設置した
→ 범죄가 많기 때문에 CCTV를 설치하였다.

（2）「〜も」

これも先ほどと同様、日本語では「いくつかの事柄を並列する」際の表現と「予想外に数量が多い場合」の表現が同じなのですが、韓国語では使い分けがあります。

並列　最近は小学生もスマートフォンを使っている。
→ 요즘은 초등학생도 스마트폰을 쓴다.

予想外に数量が多い

スマートフォン決済をする人が10年前より五倍も増加した。

→ 스마트폰으로 결제를 하는 사람이 10년　전보다　5배나 증가하였다.

※前につく名詞にパッチムがあれば이나がつく。

第6章

ペンを持て
時間を計って
リハーサル

模擬試験

136〜139ページの答案用紙をコピーしてお使い下さい。

ペンと修正テープ、時計も必ず準備しましょう!

제1회 모의고사(50분)

※ [51~52] 다음을 읽고 괄호에 들어갈 말을 각각 한 문장으로 쓰십시오.
(각 5점)

51.

엘리베이터 점검 안내입니다

우리 아파트에서는 이번 주 오전 11시부터 오후 2시까지 엘리베이터 시설 점검을 (㉠).

이와 함께 방송 시설 점검도 동시에 실시할 예정이오니 점검 시간 동안에는 방송이 (㉡).

주민 여러분들의 적극적인 협조를 부탁드립니다.

그랑 매종 오사카 관리사무소

52.

여행자들에게 B&B란 숙소(Bed)와 아침식사(Breakfast)를 제공하는 용어를 말한다. 이런 B&B는 좋은 호텔의 시설과는 다른 형태의 숙박 방법이다. 저렴한 가격으로 (㉠)는 장점이 있지만, 다른 사람과 방을 공유해야 하는 등의 (㉡)도 있다.

53. 다음을 참고하여, 여행 기념품 구매액에 대한 글을 200~300자로 쓰
시오. 단, 글의 제목을 쓰지 마시오. (30점)

조사기관 : 소비 경향 연구원

조사대상 : 한국을 방문한 외국인 여행자 1000명(2박 3일 기준)

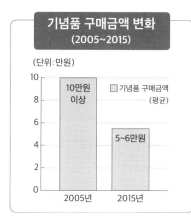

기념품을 구매하지 않는 이유

1위…가방을 가볍게 하려고

2위…기념품 찾기보다 여행 SNS 사
진을 더 찍고 싶어서

배경

1. 여행객 수화물 가격 인상

2. 여행에 대한 가치관 변화

54. 다음을 주제로 하여 600~700자로 글을 쓰시오. 단, 문제를 그대로
옮겨 쓰지 마시오. (50점)

로봇공학 (Robotics)은 로봇에 관한 과학이자 기술학이다.
로봇의 개발은 사람들의 생활을 편리하게 만들어 줄 수 있기 때
문에 중요한 과학으로 평가되고 있지만, 로봇 운영의 안정성에
대한 우려가 문제가 되고 있어 양쪽의 의견이 팽팽하게 맞서고
있다. 이에 대한 자신의 입장을 정해 주장하는 글을 쓰라.

• 로봇 운영의 긍정적인 영향은 무엇인가.

• 로봇 운영의 부정적인 영향은 무엇인가.

• 자신의 입장과 근거는 무엇인가.

※ [51~52] 다음을 읽고 괄호에 들어갈 말을 각각 한 문장으로 쓰십시오.
　 (각 5점)

51.

> Q. 오늘 비행기표를 내일로 바꾸고 싶습니다. 어떻게 해야 합니
> 까?
>
> A. 연락 감사합니다. 비행기표를 바꾸려면 고객센터로 (　㉠　).
> 고객센터에서 비행기표를 바꿔 드릴 수 있습니다.
> 하지만, 오늘은 영업시간이 끝났으니 내일 (　㉡　).

52.

> 　하지는 낮이 가장 긴 날인데 비해, 동지는 (　㉠　). 그래
> 서 음력 11월은 '동짓달'이라고도 한다. 팥죽은 한국 사람들이
> (　㉡　). 그런데 왜 동지에 팥죽을 먹을까? 팥죽의 붉은 색
> 이 나쁜 귀신을 몰아내는데 효력이 있다고 생각한 풍습에서 비롯
> 된 것이다.

53. 다음을 참고하여, 독립서점 매장 수에 대해 자신의 생각을 200~300
자로 쓰시오. 단, 글의 제목을 쓰지 마십시오. (30점)

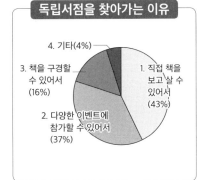

54. 다음을 주제로 하여 600~700자로 글을 쓰시오. 단, 문제를 그대로
옮겨 쓰지 마시오. (50점)

> 　자원봉사는 다른 사람을 위하여 자신의 시간이나 물건을 나
> 누어 주는 것을 말한다. 하지만 바쁜 현대인들이 자원봉사를 하
> 는 것은 쉬운 일은 아니다. '바람직한 자원봉사'에 대하여 아래
> 의 내용을 중심으로 자신의 생각을 쓰라.

> • 자원봉사의 필요성은 무엇인가?
> • 현대인들이 자원봉사를 실천할 때 어려운 점은 무엇인가?
> • 바람직한 자원봉사를 실천하려면 어떻게 해야 하는가?

※ [51~52] 다음을 읽고 괄호에 들어갈 말을 각각 한 문장으로 쓰십시오.
(각 5점)

51.

〈재즈 댄스 동아리에 초대합니다〉
 "재즈 댄스 동아리"에 여러분을 초대합니다.
오늘 간단한 댄스 동작을 가르쳐 드릴테니 옷은 (㉠   ).
기존 회원들도 편한 옷을 입고 올 것입니다.
그리고 이번 모임에서 재즈 음반을 전시할 예정입니다.
전시된 음반은 원하시는 분께 (㉡   ).
가격은 50% 할인된 가격입니다.
그럼, 많은 관심을 부탁드립니다.

52.

　돌은 아이가 태어난 지 1년이 되는 날이다. 이 날에는 아이가 1년을 무사히 지낸 것을 (㉠   ). 가족 외에도 먼 친척이나 친지, 친구들도 돌잔치에 와서 축하해주기도 한다. 돌상을 차리고 아이에게 돌잡이를 하도록 하며 아이의 미래를 점쳐보며 즐거운 시간을 보낸다. 돌상에는 보통 쌀, 돈, 부채, 책, 실 등을 올려 놓는데, 아이가 책을 잡으면 미래에 공부를 잘 할 것이라고 점치고, 돈을 잡으면 (㉡   ).

53. 다음을 참고하여, 수면부족에 대해 자신의 생각을 200~300자로 쓰시오. 단, 글의 제목을 쓰지 마십시오. (30점)

조사기관 ; 수면건강관리본부	조사대상 ; 직장인 5,000명

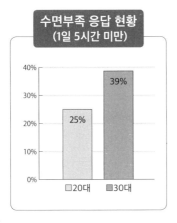

54. 다음을 주제로 하여 600~700자로 글을 쓰시오. 단, 문제를 그대로 옮겨 쓰지 마시오. (50점)

> 21세기에 들어서 고령화 문제가 사회 문제로 대두되고 있다. 젊은 부부들은 아이들을 잘 출산하지 않는 추세이고, 노인들은 의료 기술의 발달로 수명이 연장되고 있다. 2050년에는 노인들이 어린 아이들보다 많을 것이라는 연구 결과도 있다. 고령화에 대해 아래 내용을 중심으로 자신의 생각을 쓰라.
>
> • 고령화는 왜 발생하는가?
> • 고령화가 계속 진행되면 어떤 문제가 생기는가?
> • 그 문제를 해결하기 위한 방법은 무엇인가?

한국어능력시험 TOPIK II

1교시 (쓰기)

51	㉠	
	㉡	
52	㉠	
	㉡	
53	아래 빈칸에 200자에서 300자 이내로 작문하십시오 (띄어쓰기 포함).	

50　100　150　200　250　300

答案用紙のサンプル　※答案用紙はコピーしてお使いいただけます。

	50	100	150	200	250	300	350

51.

엘리베이터 점검 안내입니다

　우리 아파트에서는 이번 주 오전 11시부터 오후 2시까지 엘리베이터 시설 점검을 (㉠;(실시)할 예정입니다/실시하려고 합니다/할 생각입니다).

　이와 함께 방송 시설 점검도 동시에 실시할 예정이오니 점검 시간 동안에는 방송이 (㉡;안 됩니다/나오지 않습니다/안 나올 것입니다).

그랑 매종 오사카 관리사무소

52.

　B&B란 여행자들에게 숙소(Bed)와 아침식사(Breakfast)를 제공하는 용어를 말한다. 이런 B&B는 좋은 호텔의 시설과는 다른 형태의 숙박 방법이다. 저렴한 가격으로 (㉠;숙박할 수 있다/숙박이 가능하다/묵을 수 있다)는 장점이 있지만, 다른 사람과 방을 공유해야 하는 등의 (㉡;단점/불편함)도 있다.

53.

　소비 경향 연구원이 한국을 방문한 외국인 여행자 1000명을 대상으로 기념품 구매액에 대해 조사하였다. 조사 결과에 따르면 2박 3일 기준으로 2005년에는 평균 구매액이 10만원 이상이었는데 2015년에는 5~6만원으로 대폭 줄어든 것으로 나타났다. 또한 기념품을 구매하지 않는 이유로 가방을 가볍게 하고 싶다고 대답한 여행자가 가장 많았고 기념품을 찾기보다 여행 SNS에 올릴 사진을 더 찍고 싶다는 응답이 그 뒤를 이었다. 조사 결과를 통해, 여행 기념품 구매액 감소 배경은 여행객 수화물 가격 인상과 여행에 대한 사람들의 가치관 변화인 것으로 보인다.

54.

　과학 기술 발달로 인해 사람들은 인공 지능 로봇 운영을 시작했으나 이에 대해서는 찬반양론이 맞서고 있다. 그 중에서도 나는 로봇 운영에 찬성한다는 입장으로 논술해 보고자 한다.

　우선 로봇 운영의 긍정적 영향을 말하자면, 사람들 생활을 편리하게 하고 장시간 노동을 피할 수 있게 해 준다는 점을 들 수 있다. 구체적으로는 24시간 운영하는 편의점과 주유소에서 심야 시간대를 중심으로 무인화가 확대하면서 로봇 운영도 기대되고 있다. 또한 반사능 오염 지역 등 사람들이 작업하기에 위험한 곳에서도 로봇이 투입되어 도움이 되고 있다.

　반면, 로봇 운영의 부정적 영향은 안전성 우려를 들 수 있다. 현재 기술로는 로봇은 상대방 표정을 보고 다음 행동을 선택하거나 비상시 필요한 즉각적 판단이 어렵다고 한다. 자동 운전 지하철이 오작동으로 잘 멈추지 못해 벽에 충돌한 사고도 그러한 우려 사례의 하나라고 할 수 있다.

　위에서 언급한 바와 같이 로봇 운영에는 아직 안전성 우려가 있으나 기술 개발은 눈부신 발전을 보이고 있으며 극복 가능성이 높다. 따라서 로봇 운영은 장기적으로는 사람들의 여가 시간을 늘리며 더욱 인간적인 삶을 누리게 해주는 일거양득의 동반자가 될 것이다. 로봇과 공존함으로써 사람들이 깊은 사고와 감정이 필요한 창조적 노동에 집중이 가능해지면 새로운 가능성도 열릴 것이다. 그러므로 나는 로봇 운영에 찬성한다.

※［51～52］次の文章を読んで（　　　　）に入る言葉をそれぞれ一文で書きなさい。
（各5点）

51.

> エレベーター点検案内です
>
> 　私達のアパートでは今週午前11時から午後2時までエレベーター施設の点検を（㋐：行う予定です、実施します、行います）。
>
> 　これと同時に放送施設点検も行う予定にしておりますので、点検時間の間は（㋑：放送が流れません、放送はありません）。住民の皆さんの積極的なご協力をお願いいたします。
>
> グランメゾン大阪管理事務所

解説　タイトルから、アパートのエレベーター点検案内であることがわかりますので、（㋐）には、これから実施される内容の予告である内容が入ります。

　次に、放送施設の点検も同時に行うと書かれていますので、（㋑）には、放送が流れない旨の内容が入ります。なお、「放送がされる」という韓国語は방송이 나오다という表現を使います。直訳すると「放送が出てくる」となりますので、日本語と感覚の違いを楽しんでしまいましょう。

52.

> 　B＆Bとは、旅行者に宿と朝食を提供する用語を言う。このようなB＆Bは、よいホテルとは別の形態の宿泊形態だ。お手頃な価格で（㋐：宿泊できる／泊まることができる）という利点もあるが他人と部屋を共有しないといけない等の（㋑：短所、不便／不自由さ）もある。

解説　これは、B＆Bという用語について定義したあと、ホテルと対照してその長短所について述べて詳しく説明する形式ですね。したがって、（㋐）には直前の宿泊という言葉に対応してB＆Bの長所であるお手頃価格で（宿泊できる／宿泊が可能である／泊まることができる）という内容が入ります。（㋑）には逆接の接続の後なので「利点」と対照的な（短所／不便さ）が入ります。

53. 次の内容を参考にして、旅行の土産物購入額についての文章を200〜300字で書きなさい。ただし、文章のタイトルを書かないでください。(30点)

調査機関：消費傾向研究院
調査対象：韓国を訪問した外国人旅行者1000名（二泊三日基準）

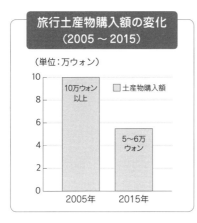

理由
1. スーツケースを軽くしたくて
2. 土産物を選ぶよりも旅行SNSにアップする写真をもっと撮りたいから

背景
1. 旅行客手荷物料金の引き上げ
2. 旅行に対する価値観の変化

解説　外国人観光客の土産物購入額に関する調査です。調査概要の後は、まず棒グラフでお土産の平均購入金額が、調査期間の10年間で大きく減少していることを書きます。次に箇条書きになっている部分を自然な形でつなぎましょう。

必要な要素を表にして和訳を示します。

調査概要	消費傾向研究員が韓国を訪問した外国人旅行者1000名を対象に土産物購入額について調査した。
棒グラフ	調査結果によると二泊三日基準で2005年には平均購入額が10万ウォン以上だったのが2015年には5〜6万ウォンと大きく減少したことがわかった。
箇条書き：理由	また土産物を購入しない理由として、鞄を軽くしたいからと答えた旅行者が最も多く、土産物を購入するよりも旅行SNSにアップする写真をもっと撮りたいからという回答がそれに続いた。

<table>
<tr><td>箇条書き：背景</td><td>調査結果によると、旅行の土産物購入金額減少の背景には、旅客手荷物価格の上昇と旅行に対する人々の価値観の変化であるように思われる。</td></tr>
</table>

54. 次を主題にして600〜700字で文章を書きなさい。ただし、問題を写さないで下さい。（50点）

> 　ロボット工学はロボットに関する科学であり、技術である。ロボットの開発は人々の生活を便利にしてくれるので重要な科学として評価されているが、ロボット運用の安全性に対する懸念が問題となっており両方の意見が激しく対立している。これに対する自身の立場を定めて主張する文を書きなさい。
>
> ・ロボット運用の肯定的な影響は何か
> ・ロボット運用の否定的な影響は何か
> ・自身の立場と根拠は何か

　解説　人工知能、AIと人間のおつきあいは、21世紀ならではの問題です。テクノロジー関連の問題も出題されやすいので、一度は自分の考えを整理しておきましょう。

　この問題のタイプは、ロボット運用の影響の両面を論じてから、自分の立場を表明してその根拠を述べるディベート型の問題です。

　設問で、3番目に自分の立場を表明するように言われているので、その通りの順番でかまいませんが、今回の解答例は、最初の段落で自分の立場を出すスタイルで作りました。

　以下、解答例の和訳を段落構成ごとに整理して次にまとめます。

54番 解答例の和訳と構成 （下線部が設問に対する結論部分）

テーマ；ロボット運用の影響と自分の立場

段落構成	中心内容	作文した内容
1段落	序論から立場表明	科学技術の発達により人々は人工知能ロボットの運用を始めたが、これについては賛否両論が対立している。その中でも、<u>私はロボットの運用に賛成するという立場で論述しようと思う。</u>
2段落設問1	肯定的な影響	まず、ロボット運用の肯定的な影響を言うなれば、<u>人の生活を便利にして長時間労働を避けるようにしてくれる点を挙げることができる。</u>具体的には24時間運営するコンビニエンスストアとガソリンスタンドで深夜時間帯を中心に無人化が進んでおり、ロボット運用も期待されている。また放射能汚染地域等　人々が作業をするには危険な場所でもロボットが投入されて役に立っている。
3段落設問2	否定的な影響	<u>反面、ロボット運用の否定的な影響は安全性の危惧を挙げることができる。</u>現在の技術ではロボットは相手の表情をみて次の行動を選択したり、非常時に必要な即時的判断が難しいとされている。自動運転の地下鉄が誤作動により停止できずに壁に激突した事故もそのような危惧の一例といえる。
4段落設問3	立場と根拠	上記で述べたように、<u>ロボット運用にはまだ安全性の危惧があるが開発技術は眩しい発展をみせており克服の可能性が高い。</u>したがって、ロボット運用は長期的には人々の余暇の時間を増やしてさらに人間的な生活を送らせてくれる一挙両得の同伴者になるだろう。ロボットと共存することで人々は深い思考と感情が必要な創造的な労働に集中することが可能になれば新しい可能性も開けるだろう。<u>そのため私はロボットの運用に賛成する。</u>

51.

> Q. 오늘 비행기표를 내일로 바꾸고 싶습니다. 어떻게 해야 합니까?
>
> A. 연락 감사합니다. 비행기표를 바꾸려면 고객센터로 (㉠;연락하시면 됩니다/해야 합니다). 고객센터에서 비행기표를 바꿔드릴 수 있습니다.
> 하지만, 오늘은 영업시간이 끝났으니 내일 (㉡;연락해 주시기 바랍니다/연락을 부탁드립니다).

52.

> 하지는 낮이 가장 긴 날인데 비해, 동지는 (　㉠　). 그래서 음력 11월은 '동짓달'이라고도 한다. 팥죽은 한국 사람들이 (　㉡　). 그런데 왜 동지에 팥죽을 먹을까? 팥죽의 붉은 색이 나쁜 귀신을 몰아내는데 효력이 있다고 생각한 풍습에서 비롯된 것이다.
> ㉠;낮이 가장 짧은 날이다/밤이 가장 긴 날이다.
> ㉡;동지에 먹는 풍습이 있다/동지에 먹는 전통 음식이다.

53.

> 미디어 발전 연구원이 독립서점 매장수와 독립 서점을 찾아가는 이유에 대해 설문조사를 실시하였다. 조사 결과, 독립 서점 매장수는 2012년에 302개였으나 2013년에는 268개로 줄어들었는데 2014년에는 450개로 크게 증가한 것으로 나타났다. 또한 독

립서점을 찾아가는 이유는 직접 책을 보고 살 수 있다는 응답이 43%로 가장 높게 나타났으며 다음으로 다양한 이벤트에 참가가 가능한 점이라는 대답이 37%로 그 뒤를 이었다. 3위는 16%로 천천히 책을 볼 수 있다는 응답이었다. 이 설문 조사를 통해 독립 서점이 다시 주목을 받고 있다는 것을 알 수 있다.

54.

　사람들은 사회를 구성하면서 서로 협조할 필요가 있는데 다른 사람을 위하여 자신의 시간이나 물건을 나누어 주는 일을 자원봉사라고 한다. 자원봉사는 도움을 필요로 하는 사람에게는 도움을 주고 자원봉사를 하는 사람에게도 다른 사람을 도울 수 있다는 행복감을 주기 때문에 아주 중요하다.

　그런데 현대인들은 자원봉사를 실천하기가 쉽지 않다. 왜냐하면 현대인들은 정보화 사회로 인해 일이나 공부, SNS로 소통하는 일에 많은 시간을 쓰며 바쁘게 되었기 때문이다. 그래서 도움이 필요한 사람에게 관심을 가지거나 직접 봉사할 시간적 여유가 없다고 할 수 있다. 또한 자원봉사를 하려면 무슨 대단한 일을 해야 한다는 고정 관념도 실천하기에 걸림돌이 될 수 있다.

　따라서 바람직한 자원봉사를 실천하려면, 우선 자신에게 무리가 없는 범위에서 이루어져야 할 것이다. 아무리 자원봉사가 중요하다고 하더라도 그것으로 자신의 처지가 어려워진다면 본말전도라고 할 수 있을 것이다. 다음으로 시간이 없다면 기부도 하나의 방법이며 늘 주위에 난처한 사람을 도와주는 일도 자원봉사라고 할 수 있다. 예를 들어, 전철 역 계단 앞에서 힘들어 하는 유모차를 끄는 엄마들이나 무거운 짐을 든 노인을 도와주고 소통하면 보람도 느낄 수 있다. 이렇게 자신의 주위에 있는 사람들에게 부담없는 자원봉사를 하는 사람이 늘면 따뜻한 사회가 이루어질 것이다.

※ [51 〜 52] 次の文章を読んで（　　　　）に入る言葉をそれぞれ一文で書きなさい。

（各5点）

51.

> Q. 今日の飛行機チケットを明日に換えたいです。どのようにしたらいい
> ですか？
>
> A. ご連絡ありがとうございます。飛行機のチケットを換えたければ顧
> 客センターへ（⑦：連絡してくだされば大丈夫です／連絡しなくては
> なりません）顧客センターで飛行機チケットを換えてさしあげること
> ができます。しかし本日は営業時間が終了しましたので明日（○：
> 連絡をお願いします）。

解説　文のスタイルは掲示板で、顧客からの問い合わせと航空会社職員の回答
という目的を持った文章ですね。（⑦）は空欄の直前に顧客センターへとあります
ので、（連絡くだされば大丈夫です／連絡しなくてはなりません）という内容が入り
ます。

（○）は今日の受付が不可のため明日（連絡をお願いします）という、依頼表現
が入ります。

52.

> 夏至は昼間が最も長い日であることに比べて、冬至は（⑦：夜が最も
> 長い／昼間が短い日である）。そのため旧暦11月は「冬至の月」ともいう。
> 小豆がゆは韓国人が（○：冬至によく食べる風習がある／冬至に食べる
> 伝統食だ）。しかしなぜ冬至に小豆がゆを食べるのだろうか？　小豆がゆ
> の赤色が悪い鬼神を追い払うのに効力があると考えた風習によるものだ。

解説　この問題は、夏至と冬至を比較対照するところから、冬至とその時期に

食べる伝統食について詳しく説明するパターンですね。

（⑦）は、夏至と比較して冬至について述べているので、（夜が最も長い／昼間が最も短い日である）という内容が入ります。

（⑥）は、韓国での風習の記述ですが、空欄の後ろに「しかし、韓国では小豆がゆをよく食べる」という記述があることから（冬至によく食べる風習がある／冬至に食べる伝統食だ）という内容になります。このように空欄の後ろから推測させるものもあります。

53. 次の内容を参考にして、独立書店の調査に関して自身の考えを述べよ。ただし、文章のタイトルを書いてはいけません。(30点)

独立書店売場数推移

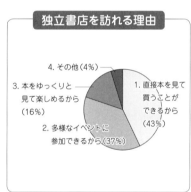

独立書店を訪れる理由

4. その他（4%）
3. 本をゆっくりと見て楽しめるから（16%）
2. 多様なイベントに参加できるから（37%）
1. 直接本を見て買うことができるから（43%）

<u>解説</u>　この問題は、グラフが2つと、そこから分析できる内容を問われています。解答例の和訳をポイントごとにまとめます。

調査概要	メディア発展研究所が独立書店の売場数と独立書店を訪れる理由についてアンケート調査を実施した。
棒グラフ	調査の結果、独立書店の売場数は2012年に302カ所だったが2013年には268カ所に減少したが2014年には450カ所に大幅に増加したことがわかった。

円グラフ	独立書店を訪れる理由は、直接本を見て買うことができる点とする回答が43％と最も高く、次に多様なイベントに参加可能である点という回答が37％とその後に続いた。3位は16％でゆっくり本をみることができるという回答であった。
自身の意見 調査全体	このアンケート調査を通じて、独立書店が再び注目されているということがわかる。

54. 次を主題にして600～700字で文章を書きなさい。ただし、問題を写さないで下さい。（50点）

> ボランティアは他人のために自分の時間や物を分けてあげることを言う。しかし、忙しい現代人がボランティアをすることは簡単なことではない。「望ましいボランティア」について下記の内容を中心に自信の考えを書きなさい。

・ボランティアの必要性は何か

・現代人がボランティアを実践する際、難しい点は何か

・望ましいボランティアを実践するにはどのようにするべきか

解説　日本よりも韓国では、分かち合いやボランティア活動が盛んです。自身の幸福感と関連した内容で、似た内容が出題されやすいですので、意見をまとめて対策をしておきましょう。

　この問題のタイプは、ボランティアの必要性と実践の難しさ、実践方法についての分析タイプ型問題です。

　以下、解答例の和訳を段落構成ごとに整理して次の表にまとめます。

54番 解答例の和訳と構成 （下線部が設問に対する結論部分）

テーマ：ボランティアの実践と障害、望ましい実践方法

段落構成	中心内容	作文した内容
1段落 設問1	ボランティアの必要性	人々は社会を構成しながらお互いに協調する必要があるが他人のために自身の時間やものを分けてあげることをボランティアという。<u>ボランティアは助けを必要とする人には助けを与えてボランティアをする人にも他の人を助けることができるという幸福感を与えるのでとても重要だ。</u>
2段落 設問2	ボランティア実践の障害	しかし、現代人はボランティアを実践することがたやすくない。なぜなら、<u>現代人は情報化社会のため仕事や勉強、SNSでコミュニケーションすることに時間を使って忙しくなったからだ。そのため助けが必要な人に関心を持ったり直接ボランティアをする時間的な余裕がないといえる。また、ボランティアをするならなにか立派なことをしなくてはならないという固定観念も実践の足を引っぱりかねない。</u>
3段落 設問3 全体 まとめ	望ましいボランティアの実践方法	したがって望ましいボランティアを実践しようとするなら、<u>まずは自分に無理がない範囲で行わなければならないだろう。いくらボランティアが重要だといっても、それで自身の立場に無理が生じるならば本末転倒といえるだろう。次に、時間がないなら寄付も一つの方法であり、つねに周囲で困っている人を助けることもボランティアといえる。</u>例えば、電車の駅の階段の前で大変そうにしているベビーカーを押す母親や重い荷物を持った老人を手伝いながらコミュニケーションをすればやりがいも感じることができる。このように、自身の周りにいる人たちに負担のないボランティアをする人が増えれば温かい社会が実現することだろう。

51.

〈재즈 댄스 동아리에 초대합니다〉

"재즈 댄스 동아리"에 여러분을 초대합니다.

오늘 간단한 댄스 동작을 가르쳐 드릴테니 옷은 (㉠;편하게 입고 오시면 됩니다 / 편한 옷을 입고 오세요).

기존 회원들도 편한 옷을 입고 올 것입니다.

그리고 이번 모임에서 재즈 음반을 전시할 예정입니다.

전시된 음반은 원하시는 분께 (㉡;판매할 예정입니다 / 팔 것입니다 / 팔려고 합니다).

가격은 50% 할인된 가격입니다.

그럼, 많은 관심을 부탁드립니다.

52.

돌은 아이가 태어난 지 1년이 되는 날이다. 이 날에는 아이가 1년을 무사히 지낸 것을 (㉠;가족들이 축하해준다 / 가족들이 축하한다). 가족 외에도 먼 친척이나 친지, 친구들도 돌잔치에 와서 축하해주기도 한다. 돌상을 차리고 아이에게 돌잡이를 하도록 하며 아이의 미래를 점쳐보며 즐거운 시간을 보낸다. 돌상에는 보통 쌀, 돈, 부채, 책, 실 등을 올려 놓는데, 아이가 책을 잡으면 미래에 공부를 잘 할 것이라고 점치고, 돈을 잡으면 (㉡;미래에 부자가 될 것이라고 점친다 / 부자가 된다고 생각한다).

53.

직장인 5000명을 대상으로 수면 건강 관리 본부가 현대인의 수면 부족에 대해 조사를 실시하였다. 조사 결과를 살펴보면 하루에 5시간도 잠을 못 잔다고 응답한 20대가 25%인데 비해 30대는 39%로 대폭 증가함이 나타났다. 수면부족 이유로 20대는 취미 활동에 이어 야근이 많다는 대답이 나타났다. 반면, 30대는 1위를 스트레스성 불면증이 차지하였으며 2위는 습관이 되었다는 응답이었다. 이 조사 결과를 통해 수면 부족 영향으로 활력 저하와 집중력 감소, 또한 업무 효율 저하가 발생한 것으로 보인다.

54.

21세기 사회 문제로 노인 인구 비율이 늘어나는 고령화 사회를 꼽을 수 있다. 고령화 사회는 주로 선진국에서 볼 수 있는 현상이며 발생 이유는 의료 기술 발달로 인한 수명 연장과 젊은 부부들의 저출산이라고 추측된다. 자세하게 말하면 젊은 세대들이 경제적 불안감과 육아 부담감 때문에 아이를 낳지 않아서 고령화가 진행되고 있는데 이대로 계속되면 여러가지 문제를 야기할 수 있다고 본다.

첫째, 고령화가 진행되면 젊은 세대가 지탱하는 사회 복지 제도를 유지하기가 어렵게 된다. 청년층 3명이 노인 1명을 지탱하던 제도가 앞으로 청년 1명이 노인 1명 이상을 지탱해야 할 전망이라서 제도가 붕괴될 위험성도 있다. 둘째, 젊은 세대가 줄어든다는 것은 활력과 함께 바로 인구가 줄어든다는 것이며 장래 국가 자체가 사라질 가능성도 있다는 사실을 명심해야 할 것이다.

따라서 고령화 문제를 해결하기 위해서는 우선 청년층의 경제적 불안을 덜어주는 일자리 부족 문제 개선이 필요하다. 또한 워킹맘들의 출산과 육아 부담을 줄이는 대책 마련이 시급하다. 예를 들어, 육아 수당 지불, 어린이 집과 방과후 돌봄 시스템 보충 등이다.

어렵게 구한 직장을 포기하고 싶지 않아 출산을 꺼리는 사회적 문제를 해결해야 할 것이다.

　이렇게 고령화 사회 진행을 막기 위해서는 젊은 세대의 취업 기회 늘리기와 육아 지원을 사회 전체가 상부상조 정신으로 수행해야 할 것이다.

和訳及び解説

※ [51～52] 次の文章を読んで（　　　）に入る言葉をそれぞれ一文で書きなさい。
（各5点）

51.

〈ジャズダンスサークルに招待します〉
「ジャズダンスサークル」に皆さんを招待します。
今日　簡単な<u>ダンスの動きをお教えしますので</u>服は
（㉠；楽なものでお越しください／楽な服装で来てください）。
既存の会員も楽な服装で来る予定です。そして、この集まりでジャズCDを展示する予定です。展示されているCDはご希望の方に（㉡；販売する予定です／売ろうと思っています）。展示されたCDは<u>50％割引価格</u>です。では多くの関心を宜しくお願いいたします。

　解説　タイトルで文章の目的が、ずばりわかりますね。ジャズダンスサークルのイベントの案内です。下線を引きましたが、（㉠）は<u>ダンスの動きを練習する予定</u>であることを示しているので、それに適した服装を指定する内容が入ります。もちろん、いろんな言い方が可能ですが、この場合、韓国語では 편하다 という表現がぴったりきます。この言葉は心身ともに「楽だ（窮屈ではない）／心地よい」という意味合いで、とてもよく使われる表現です。

154

（ⓛ）ジャズの CD をどうするつもりなのかという内容ですが、後半に 50% 割引という文言がありますので、譲渡ではなく販売するつもりであることがわかりますね。

52.

> トルは子供が生まれて 1 年になる日だ。この日は子供が 1 年を無事に過ごしたことを（㋐：家族がお祝いしてあげる／家族が祝う）。<u>家族以外にも遠い親戚や知り合い、友人もトル祝いに来てお祝いしてくれたりもする</u>。トルの準備をして子供にトルチャビをさせる。大人は子供の未来を占って楽しい時間を過ごす。トルの準備には、ふつう米、お金、扇、本、糸などを用意するが、<u>子供が本をつかんだら将来勉強ができるだろうと占い、お金をつかんだら</u>（ⓛ：未来に金持ちになるだろうと占う／金持ちになると考える）。

解説　この問題は、韓国の風習 돌（トル）を引用紹介して、その内容を具体的に説明する形式です。（㋐）は空欄の後ろに家族以外の人もお祝いに来るという内容から、（家族がお祝いしてあげる　家族が祝う）となります。

（ⓛ）は、トルでトルチャビという子供の将来を占う風習を紹介していて、前の文章から子供がつかんだものに関連した占いであることが書かれているのでお金をつかんだら（未来に金持ちになるだろうと占う）という内容が入ります。TOPIKでは、韓国の風習や生活文化もよく出題されますので、ドラマ鑑賞等も侮れない勉強法の一つかもしれませんね。

53. 次の内容を参考にして、睡眠不足についての調査に関して自身の考えを述べよ。ただし、文章のタイトルを書いてはいけません。（30点）

調査機関：睡眠健康管理本部　　調査対象：社会人5000名

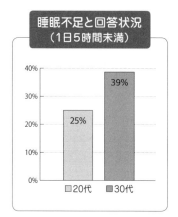

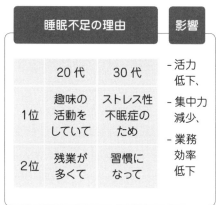

解説　この問題は、現代人の睡眠不足についての調査内容です。棒グラフと表で20代と30代の回答を比較しています。表は上位理由の比較ですが回答内容の引用は適切に品詞を調節しながらつないでいくといいでしょう。最後に睡眠不足の影響を助詞でつないで、調査全体を締めくくるといいですね。

調査概要	社会人5000名を対象に睡眠健康管理本部が現代人の睡眠不足について調査を実施した。
棒グラフ	調査結果を詳しくみると、1日に5時間も眠れないと回答した20代が25％であったことに対し、30代は39％と大幅に増加したことがわかった。
理由	睡眠不足の理由としては20代は趣味に続いて残業が多いという回答が出た。反面、30代は1位をストレス性不眠が占めており、2位は習慣になったという回答だった。
影響	この調査結果を通して、睡眠不足による影響として活力の低下、集中力の減少、さらに業務効率低下が発生するように思われる。

54. 次を主題にして600〜700字で文章を書きなさい。ただし、問題を写さないで下さい。（50点）

> 　21世紀に入って高齢化問題が社会問題として台頭している。若い夫婦が子供をあまり出産しない趨勢であり、老人は医療技術の発達により寿命が延長されている。2050年には老人が子供よりも多くなるだろうとする研究結果もある。高齢化について下記の内容を中心に自身の考えを書きなさい。

設問

・高齢化はなぜ発生するか

・高齢化がこのまま進行したらどのような問題が生じるか

・この問題を解決するための方法は何か

解説　　韓国でも深刻な高齢化社会をテーマにした問題です。問題文の中に関連する問題として少子化について触れていますので、そのあたりから解決策を考えていくと、書きやすくなりますね。

　さて、ここではガイドになる3つの設問に沿って、採点者に伝わりやすく書いていきましょう。段落構成を考えていきましょう。

　問題文から引用して序文を作ると、どうしても第一段落が長くなりますので、その中で設問1に答える形で作りました。ここでは全体を4段落にして最後の段落で全体のまとめを書きましたが、原稿用紙の残り具合によって、3段落の最後につけてもかまいません。臨機応変にいきましょう。

　では、解答例の和訳を段落構成ごとに整理し次にまとめます。

54番 解答例の和訳と構成 （下線部が設問に対する結論部分）

段落構成	中心内容	作文した内容
1段落 序論から 設問1	高齢化問題発生の理由	21世紀の社会問題として老人人口の比率が高くなる高齢化社会を挙げることができる。高齢化社会は主に先進国でみられる現象であり、<u>発生理由は医療技術の発達による寿命延長と若い夫婦の低出産と推測される</u>。詳しくいうと、若い世代が経済的不安感と育児に対する負担感のために子供産まないので高齢化が進行しているのだが、このまま続けば様々な問題を引き起こすことになると考えられる。
2段落 設問2	高齢化進行による問題点	<u>第一に、高齢化が進行すれば若い世代が支えている社会福祉制度を維持するのが難しくなる</u>。青年層3人が老人1人を支えていた制度がこれから青年1人が老人1人以上を支えなくてはならなくなる見通しのため、制度が崩壊する危険性もある。<u>二番目に、若い世代が減るということは、活力とともにまさに人口が減るということであり、将来国家が消えてしまう可能性もある</u>という事実を肝に銘じないといけないだろう。
3段落 設問3	問題解決の方法	したがって、高齢化問題を解決するためにはまず<u>青年層の経済的な不安を減らす就労機会不足問題の改善が必要だ。またワーキングマザーの出産と育児負担を減らす対策の準備が急がれる</u>。例えば、育児手当支給、保育園と放課後の学童保育システムの補充などである。大変な思いをしてつかんだ職場を失いたくなくて出産を避けようとする社会問題を解決しなくてはならないだろう。
4段落 まとめ	全体を総括	このように高齢化社会の進行を防ぐためには若い世代の就業機会を増やすことと育児支援を社会全体が相互扶助の精神で遂行していかなくてはならないだろう。

この問題は若者の就職難、少子化、女性の社会的な役割や家族形態の変化など、いろんなテーマと関連してきます。世界的なテーマですし、今後何かと意見を求められることも多いと思われます。しつこいようですが、考えなしに解答例を見るのではなく、必ずご自身で考えて、書いてみてくださいね。

大事なので、何回も言います。

ここで紹介している解答例は、ほんの一例です。論理的に矛盾がなければ、どんな意見でも間違いではありません。慣れないうちは仕方ありませんが、解答例を丸写しするだけではなく、自分なりの意見を考えて書く練習をするしかないのです。そうすれば、きっと一人一人の個性ある作文が生まれることと思います。私たちはそんな作文を拝見することが大好きです。

最後に、本書はTOPIK Ⅱ作文の書き方についての練習と解説をした本ですが、ここまできちんと練習された方は、以前より自信をもって、ハングルで自分の考えを書いたり、コミュニケーションをすることができるようになっていることと思います。こんなに大変ではありますが、その分充実感もあって、実力のつく試験勉強は、珍しいと思います。だからこそ、最後までやりぬきましょう。

本書を終える頃には、もっともっとハングルで何かを書きたくなっているのではないですか？ そんな向上心を持った貴方をいつも応援しています。

토픽 쓰기, 끝까지 파이팅!

付録

ここだけは
必ずチェック
しておこう

1. 原稿用紙の使用法

次の文章を原稿用紙に分かち書きを意識しながら写してみましょう。

 数字や記号の扱いに気を付けながら、ピリオドなど文章記号も追加しましょう。

온라인쇼핑시장의변화에대해조사한결과온라인쇼핑시장의전체매출액은2018년에55조원, 2020년에90조원으로2년만에크게증가하였다그이유로'스마트폰이편리해서'라고 응답한사람이62％로가장많았으며'온라인으로다양한상품을살수있어서'라는응답이30％로그뒤를이었다

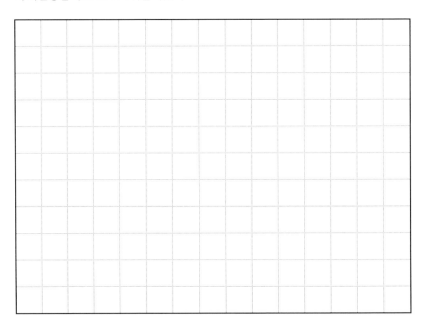

2. 叙述体と引用形

💡 品詞、時制の違いに気を付けましょう＾＾

① 次の文章を叙述体にしてみましょう。

1. 저는 부자가 되고 싶습니다. 　（　　　　　　　　　　　）

2. 사람들은 부자가 되고 싶어해요. （　　　　　　　　　　　）

3. 지속적인 영향을 미칩니다. 　（　　　　　　　　　　　）

4. 인구가 증가했어요. 　（　　　　　　　　　　　）

5. 사춘기는 어려운 시기입니다. 　（　　　　　　　　　　　）

② 韓国語の叙述体で書きましょう。

1. これは原因ではない 　（　　　　　　　　　　　）

2. 重要ではない 　（　　　　　　　　　　　）

3. 時間がどんなに大切かわからない （　　　　　　　　　　　）

4. 理由は何だろうか 　（　　　　　　　　　　　）

5. 努力が必要だろう 　（　　　　　　　　　　　）

6. 突発的な行動をしたりする 　（　　　　　　　　　　　）

7. 影響を受けやすい 　（　　　　　　　　　　　）

8. 現代社会ではどのような人材が要求されるだろうか

（　　　　　　　　　　　）

③ 韓国語の引用形で書きましょう。

1. 研究結果によると睡眠が美肌に効果的であるらしい。

（　　　　　　　　　　　　　　　　　　　　）

2. 先輩から会議の場所が変更になったと聞きました。〔합니다の語尾で〕

（　　　　　　　　　　　　　　　　　　　　）

3. 「三つ子の魂百まで」と言われるように、よい結果を得るためにはよい習慣を身

につけなくてはならない。

（　　　　　　　　　　　　　　　　　　　　）

解答

	온	라	인		쇼	핑		시	장	의		변	화	에
대	해		조	사	한		결	과		온	라	인		쇼
핑		시	장	의		전	체		매	출	액	은		20
18	년	에		55	조		원	,	20	20	년	에		90
조		원	으	로		2	년		만	에		크	게	
증	가	하	였	다	.		그		이	유	로		'	스	마	트
폰	이		편	리	해	서	'		라	고		응	답	한
사	람	이		62	%	로		가	장		많	았	으	며
'	온	라	인	으	로		다	양	한		상	품	을	
살		수		있	어	서	'		라	는		응	답	이
30	%	로		그		뒤	를		이	었	다	.		

① 1. 나는 부자가 되고 싶다.　　　2. 사람들은 부자가 되고 싶어한다.

　　3. 지속적인 영향을 미친다.　　　4. 인구가 증가했다 / 하였다.

　　5. 사춘기는 어려운 시기이다 / 시기다

② 1. 이것은 원인이 아니다.　　　2. 중요하지 않다.

　　3. 시간이 얼마나 소중한지 모른다.

　　4. 이유가 무엇인가 / 무엇일까?　　5. 노력이 필요할 것이다.

　　6. 돌발적인 행동을 하기도 한다.　7. 영향을 받기 쉽다.

　　8. 현대 사회에서는 어떠한 인재가 요구될까?/어떤 인재를 필요로 할까?

③ 1. 연구 결과에 의하면 수면이 피부 관리에 효과가 있다고 한다.

　　2. 선배님에게서 회의 장소가 바뀌었다고 들었습니다.

　　3. "세 살 버릇 여든 간다"는 말이 있듯이 좋은 결과를 거두려면 좋은 습관을
　　　 길러야 한다.

❖ **試験で使えることわざ集**　（　　）内は直訳です。

시작이 반이다	（始まりが半分だ）何事も始めることが大切だ
가는 말이 고와야 오는 말이 곱다	（行く言葉がきれいでこそ来る言葉がきれいだ）相手の態度は自分の鏡である
공든 탑이 무너지랴	精魂込めて作ったもの（塔）は決して崩れることはない
꿩 먹고 알 먹는다	（雉も食べ卵も食べる）一度で二度楽しむこと
백지장도 맞들면 낫다	（紙一枚でも一緒に持てば軽い）簡単なことでも協力することが大切だ
개구리 올챙이 적 생각 못한다	（カエルはオタマジャクシの頃を忘れる）成功すると初心を忘れてしまう
티끌 모아 태산	ちりも積もれば山となる
천리 길도 한 걸음부터	千里の道も一歩から
우물에 가 숭늉 찾는다	（井戸でおこげ湯を探す）必要な段取りを飛ばして結果だけを求めること
수박 겉 핥기	（スイカの皮をなめること）物事の本質を知ろうとしないで決めつけること
배보다 배꼽이 크다	（お腹よりへそが大きい）本末転倒
하늘이 무너져도 솟 아날 구멍이 있다	（天が崩れても這い出す穴はある）どんなに絶望的な状況でも、決してあきらめてはいけない

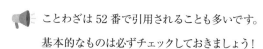　ことわざは 52 番で引用されることも多いです。
基本的なものは必ずチェックしておきましょう！

❖ 当日確認事項リスト

持ち物チェック

□ 受験票　　□ 写真付き身分証　　□ 修正テープ　　□ 時計　　□ ひざかけ、間食　等

※試験会場までの交通機関確認も忘れずに！(ˆ◇ˆ)

提出前チェック

51実用文	1. スタイル、目的は？ 2. 接続詞 3. フォーマル度？ 4. 文法表現、スペルOK？
52説明文	1. どんな説明方法？ 2. 接続詞 3. 文法表現、スペルOK？
53図表グラフ	1. どんな調査？ 2. グラフは何を表している？ 3. 箇条書きの文言を適切にまとめたか？ 4. 文法表現、スペルOK？
54テーマ作文	1. 作文の主題？ 2. 問題のタイプ？ 3. すべての設問に答えたか？ 4. 段落を作ったか？ 5. 文法表現、スペルOK？

❖ 使いたい表現シート

次回作文で使ってみたい！と思った表現に出会ったらここに書き込んで、自分だけのリストを作りましょう。

表現	メモ
例）**인간만사 새옹지마**	「人間万事塞翁が馬」、人生の幸不幸は簡単に予測できないこと。

自己ベスト更新を目指しましょう（^^）/ TOPIK Ⅱ作文、一緒にファイティン！！

著者紹介

吉川寿子（よしかわ　ひさこ）
　よしかわ語学院代表兼講師（2003 年設立）。
　大阪学院大学非常勤講師。
　https://www.yoshikawagogakuin.com/
　twitter: @YGogakuin
　慶熙大学（世宗学堂共催）韓国語教員養成課程修了。
　通訳案内士、放送大学修士（教育工学）。

김태웅（キム・テウン）
　Washington University in St. Louis 韓国語講師。
　韓国外国語大学韓国語教員養成課程修了（韓国語教員 3 級）。
　韓国で大学を卒業し 5 年間講師として活動後、大学院進学のため
　に渡米。
　The University of Oklahoma 文学博士（第二外国語教育）。
　ACTFL-OPI 試験官。
　よしかわ語学院韓国語教育アドバイザー（2013 ～）。

韓国語能力試験 TOPIK II 作文対策講座

2020 年 9 月 5 日　第 1 刷発行
2024 年 4 月 15 日　第 4 刷発行

著　者 © 吉　川　寿　子
　　　　　キ　ム　・　テ　ウ　ン
発行者　　岩　堀　雅　己
組版所　　アイ・ビーンズ
印刷所　　株式会社三秀舎

発行所
101-0052 東京都千代田区神田小川町 3 の 24
電話 03-3291-7811（営業部），7821（編集部）
www.hakusuisha.co.jp
株式会社　白水社
乱丁・落丁本は送料小社負担にてお取り替えいたします。

振替 00190-5-33228　　Printed in Japan　　加瀬製本

ISBN978-4-560-08877-7